C.H.BECK ■ WISSEN

Als Hugenotten bezeichnete man seit dem 16. Jahrhundert die Protestanten Frankreichs. Sie orientierten sich an der Reformation Johannes Calvins. Nach einer Zeit hoher religiöser und politischer Wirksamkeit führte die Einschränkung ihrer Rechte vor allem seit dem 17. Jahrhundert zu Emigrationen in viele europäische Länder. Heute gelten die Hugenotten als wichtigste Migrantengruppe der Vormoderne. Der Autor bietet einen konzisen Überblick über die Geschichte und Kultur der Hugenotten zwischen Frankreich, Europa und der Welt. Er führt ein in die religiösen, politischen und kulturellen Verhältnisse Frankreichs seit dem 16. Jahrhundert und erhellt im Weiteren die Ausbildung, Wirkmächtigkeit und spätere Marginalisierung des französischen Protestantismus, die Emigrationen und das Leben der Hugenotten in der Diaspora, aber auch ihre wirtschaftliche, politische und kulturelle Bedeutung für die Aufklärungszeit und darüber hinaus. So erscheinen die Hugenotten in europäischer Perspektive als grenzüberschreitende Gemeinschaft, deren Spuren noch heute zu finden sind.

Alexander Schunka lehrt als Professor an der FU Berlin die Geschichte der Frühen Neuzeit. Schwerpunkte seiner Forschung bilden die historische Migrations- und Mobilitätsforschung, die Geschichte des frühneuzeitlichen Protestantismus, die Geschichte kultureller Transfers und Interaktionen (anglo-amerikanischer Raum, Mitteleuropa, Osmanisches Reich) sowie die Ressourcengeschichte.

Alexander Schunka

DIE HUGENOTTEN

Geschichte, Religion, Kultur

C.H.Beck

Für H., Y. und M.

Mit 2 Karten (© Peter Palm, Berlin)

Originalausgabe
© Verlag C.H.Beck oHG, München 2019
Satz: C.H.Beck.Media.Solutions, Nördlingen
Druck und Bindung: Druckerei C.H.Beck, Nördlingen
Reihengestaltung Umschlag: Uwe Göbel (Original 1995, mit Logo),
Marion Blomeyer (Überarbeitung 2018)
Umschlagabbildung: Bartholomäusnacht, Paris 1572,
Gemälde von François Dubois (1529–1584), Lausanne,
Musée Cantonal des Beaux-Arts; © akg-images/André Held
Printed in Germany
ISBN 978 3 406 73431 1

www.chbeck.de

Inhalt

1. Wer waren die Hugenotten und wie lässt sich ihre Geschichte erzählen?

Europa am Beginn der Neuzeit war geprägt von Reformation, Expansion und Mobilität. Viele Europäer wurden im Lauf ihres Lebens zu Reisenden und Migranten. Für Millionen Menschen waren Ortswechsel nicht die Ausnahme, sondern Normalität. Geistliche und Laien, Kaufleute und Bettler, Dienstboten und Gelehrte, Soldaten und Handwerker, Männer, Frauen und Kinder, ja: ganze Bevölkerungsgruppen verließen ihre Wohnorte für eine gewisse Zeit oder für immer, um anderswo ihr Glück zu suchen oder um Schutz vor religiöser Verfolgung zu finden. Zu solchen Gruppen gehörten iberische Muslime und sephardische Juden, englische Katholiken oder mitteleuropäische Protestanten. Besonders eng verbinden sich Mobilität und Religiosität mit der Geschichte, Religion und Kultur der Hugenotten. Ihr Weg von Frankreich in die Welt ist Thema dieses Buches.

Als Hugenotten bezeichnete man seit dem 16. Jahrhundert die Protestanten Frankreichs. Ihr Verhältnis zum französischen Königtum und der dominierenden römisch-katholischen Kirche war von Dialog und Kooperation gekennzeichnet, aber auch von Spannungen, Verfolgung und blutigen Zusammenstößen. Bis heute bekannt ist das schockierende Ereignis der Bartholomäusnacht im Jahr 1572, als einige tausend Hugenotten den Tod fanden. Mehrere Auswanderungswellen führten dazu, dass zahlreiche, jedoch längst nicht alle Hugenotten Frankreich verließen. Als «Flüchtlinge» (*réfugiés*) siedelten sie sich vor allem seit dem späten 17. Jahrhundert in unterschiedlichen Ländern Europas und der außereuropäischen Welt an.

Wie hat man sich die Heimaten der Hugenotten zu Beginn der Neuzeit vorzustellen? Frankreich war ein überwiegend ländlich geprägter Raum, der mit der Haupt- und Universitätsstadt Paris zwar über ein klares Zentrum verfügte, der gleichzeitig

jedoch an seinen Rändern nur wenige Kennzeichen «französischer» Kultur aufwies. Dies galt für das Languedoc im Süden,
die Bretagne im Nordwesten und weitere Gebiete. Noch 1558
war das englische Königreich im Besitz des Hafens von Calais;
in den Pyrenäen fielen der nördliche Teil Navarras und die an-
grenzende Herrschaft Béarn erst im frühen 17. Jahrhundert an
die französische Monarchie. Bis zum Westfälischen Frieden von
1648, der den Dreißigjährigen Krieg in Europa beendete, gehörten die drei lothringischen Bistümer Metz, Toul und Verdun
zum Heiligen Römischen Reich Deutscher Nation; Sedan, das
zwischen dem 16. und 17. Jahrhundert für knapp hundert Jahre
ein selbstständiges Fürstentum war, sollte sich zur Zufluchts-
stätte französischer Protestanten und damit gleichsam zum
«Genf des Nordens» entwickeln. Im 17. Jahrhundert brachten
die Kriege Ludwigs XIV. (1638–1715) Grenzverschiebungen
im Osten mit sich: Mit der Annexion Straßburgs 1681 und der
Übernahme des Elsass reichte Frankreich bis an den Rhein. Von
einem einheitlichen, zentralisierten französischen Flächenterri-
torium in den heute bekannten Grenzen konnte im 16. oder
17. Jahrhundert noch längst keine Rede sein.

Die Herrschaftsstrukturen lokaler Adeliger und die sprachlich-kulturelle Eigenständigkeit vieler Regionen widersetzten
sich einer raschen Eingliederung der Peripherie in einen französischen Zentralstaat. Daraus resultierten mancherlei politische
und religiöse Freiräume: Von Paris und anderen Städten abgesehen wurde gerade die Peripherie Frankreichs – in einem halb-
mondförmigen Bogen, der ungefähr von La Rochelle im Westen
über Nîmes im Süden bis nach Lyon im Osten reichte – seit der
Mitte des 16. Jahrhunderts zur protestantischen Bastion. Viele
der Protestanten aus Frankreichs Randgebieten sind gewissermaßen erst im Exil zu Franzosen geworden.

Zu Beginn der Neuzeit war Frankreich das bevölkerungs-
reichste Land des Kontinents. Seine genaue Einwohnerzahl ist
allerdings, ähnlich wie für andere Gebiete Europas, mangels ge-
eigneter Quellen schwer zu schätzen. Man geht davon aus, dass
um die Mitte des 16. Jahrhunderts etwa 18 Millionen Menschen
in Frankreich lebten, von denen sich ein Zehntel zum reformier-

ten Protestantismus bekannte. Knapp eine Million Protestanten
waren es noch um das Jahr 1600 herum – eine Zahl, die bis
in die achtziger Jahre des 17. Jahrhunderts weiter auf etwa
700 000 Personen zusammenschmolz. Diese notwendigerweise
ungenauen Angaben verweisen immerhin auf die Kräfteverhält-
nisse im Land und auch im späteren Exil: Hugenotten waren
stets eine Minderheit. Ein knappes Drittel von ihnen – großzü-
gige Schätzungen gehen von 200 000 Personen aus – entschied
sich in den Jahren um 1685 zur Auswanderung. Der Rest blieb
und bekannte sich zur katholischen Kirche, ohne dass dies als
Ausdruck einer inneren Überzeugung gelten kann.

Warum nun lohnt sich die Beschäftigung mit der Geschichte,
Religion und Kultur der protestantischen Minderheit Frankreichs? Vielleicht, weil ihre Angehörigen in unterschiedlichen
Bereichen über die Jahrhunderte eine enorme Wirkung entfaltet
haben – als standhafte Protestanten, verfolgte Flüchtlinge, erfolgreiche Handwerker und Geschäftsleute, als Soldaten und
Politiker, weitblickende Gelehrte oder gar als «beste Deutsche»,
wie dies der deutsche Reichskanzler Otto von Bismarck (1815–
1898) angeblich formuliert hat. Und weil sich diese und viele
andere Zuschreibungen unter dem «Markennamen» Hugenotten vereinigen. Vielleicht lohnt sich die Beschäftigung mit den
Hugenotten aber auch, weil man an ihnen einiges über den Umgang mit Migranten in der Vergangenheit lernen kann, genauso
wie darüber, wie Minderheiten ihr Leben bewältigt und ihren
Weg in die Welt gefunden haben.

Der Begriff Hugenotten taucht in Frankreich erst nach der
Mitte des 16. Jahrhunderts auf – zuvor hatte man noch von
«Lutheranern» (*luthériens*) gesprochen, wenn Anhänger der
Reformation gemeint waren. Woher genau das Wort Hugenotten stammt, ist unklar: In der Forschung ist eine Herkunft vom
flämischen Ausdruck *Huisgenooten* als Bezeichnung für diejenigen Protestanten diskutiert worden, die sich mangels eigener
Kirchen in erbaulichen Privatversammlungen trafen. Gut möglich ist auch eine Verschleifung des Wortes «Eidgenossen» bzw.
eidguenots, was die Schweizer bzw. Genfer Einflüsse auf den
französischen Protestantismus widerspiegeln würde – und die

dahinterstehende Idee eines Bundes der von Gott Auserwählten. In diesem Zusammenhang wird auch eine sprachliche Verbindung zum Kaufmann und Politiker Besançon Hugues (um 1480–1532) vermutet, der gemeinsam mit der Partei der *eidguenots* für die Befreiung der Stadt Genf vom Herzog von Savoyen kämpfte. Dies wiederum stünde im Einklang mit dem obrigkeitskritischen, ja rebellischen Charakter, der manchen Hugenotten später anhaftete. Einer anderen Theorie zufolge geht der Begriff Hugenotten allerdings auf einen legendären König Hugo zurück, nach dem in der Stadt Tours ein Stadttor benannt war: Dort trafen sich angeblich Protestanten zu nächtlichen Versammlungen, die ähnlich wie der Geist des Königs nachts in den Gassen «herumspukten» und mit dem Spitznamen Hugenotten versehen worden seien. Vieles ließ (und lässt) sich aus dem Namen Hugenotten herauslesen, und mindestens ebenso vieldeutig ist die Geschichte dieser Minderheit.

Auch wenn über die Wortherkunft bis heute keine Einigkeit herrscht, so steht doch fest, dass der Begriff Hugenotten den französischen Protestanten lange Zeit nicht als Selbstbezeichnung diente, sondern vielmehr eine – meist abwertende – Fremdbezeichnung durch ihre Gegner darstellte (Ähnliches gilt übrigens für den Ursprung vieler Benennungen religiöser Gruppen – von «Lutheraner» bis «Pietisten»). Sich selbst bezeichneten die Hugenotten schlicht als Reformierte und später im Exil als *réfugiés*. Die französischen Obrigkeiten wiederum sahen in ihnen Angehörige der R. P. R. (*religion prétendue réformée*, «angeblich reformierte Religion»), und sie kriminalisierten die Emigranten als *fugitifs* («Entlaufene»). Nach der Emigration wurden *réfugiés* in den Aufnahmegebieten von Behörden und Gesellschaft oft vereinfachend zu «Franzosen» gemacht – ungeachtet ihrer Herkunft aus ganz unterschiedlichen Gebieten Frankreichs und Westeuropas und häufig unter Einschluss anderer frankophoner protestantischer Migranten aus Nachbarregionen (Wallonen, Waldenser, *Orangeois*).

Genau wie die zahlreichen Theorien zur Namensherkunft von «Hugenotten» deuten die vielfältigen Selbst- und Fremdbezeichnungen darauf hin, dass man die Geschichte dieser Minder-

heit bislang auf ganz verschiedene Weise und mit unterschiedlicher Schwerpunktsetzung erzählt hat. Seit dem ausgehenden
16. Jahrhundert hat es Versuche gegeben, die Schicksale der
französischen Protestanten schriftlich festzuhalten, Traditionen
zu schaffen und die Hugenotten in einem breiteren kollektiven
Gedächtnis von Leid und religiöser Standhaftigkeit zu verankern. Aus der konfessionellen Publizistik heraus entstanden
Sammlungen von Märtyrergeschichten, etwa *Le livre des martyrs* von Jean Crespin (um 1520–1572), und Darstellungen der
Hugenottenverfolgung wie die mehrbändige *Histoire de l'Edit
de Nantes* von Élie Benoist (1640–1728). Um die Wende zum
18. Jahrhundert kursierten auch historische Berichte, die in den
Exilhugenotten besonders wertvolle Zuwanderer sahen. Waren
es zunächst vor allem französische Geistliche und Gelehrte, die
als Zeitzeugen von Verfolgung und Emigration die Geschichte
ihrer Gruppe zu Papier brachten, so lag um das Jahr 1800 herum die Geschichtsschreibung in den Händen von deren Nachfahren. Eine monumentale Darstellung des hugenottischen Exils
und zugleich ein sprechendes Manifest für die Doppelidentität
als preußische Franzosen waren Jean Pierre Ermans (1735–
1814) und Pierre Christian Frédéric Reclams (1741–1789) neun
Bände der *Mémoires pour servir à l'histoire des Réfugiés françois dans les États du Roi*, erschienen in Berlin zwischen 1782
und 1799. Erst um die Mitte des 19. Jahrhunderts haben sich
Historiker auch von Frankreich aus stärker mit der Geschichte
des französischen Protestantismus und des *Refuge* beschäftigt –
diese Bezeichnung in ihrer substantivierten Form geht auf den
Historiker Charles Weiss (1812–1864) zurück. Seine und weitere Untersuchungen des 19. Jahrhunderts betonten den Einfluss von Franzosen auf die Kultur der unterschiedlichen Exil-
länder – von Russland über Preußen und England bis nach
Nordamerika und Surinam. Gleichzeitig bedauerten Weiss und
andere zeitgenössische Autoren implizit oder offen den Verlust,
den die französische Nation durch die Vertreibung dieser Menschen erlitten habe. Rund um das zweihundertjährige Jubiläum
des Widerrufs des Edikts von Nantes in Fontainebleau (1685/
1885), womit üblicherweise das hugenottische Exil assoziiert

wurde, entstanden historische Gesellschaften, die sich der Aufarbeitung der Geschichte der Hugenotten in unterschiedlichen Aufnahmeländern verschrieben und sich in der Folge durch ein enorm produktives Schaffen und ein ehrendes Andenken ihrer hugenottischen Vorfahren auszeichneten.

Aufbauend auf zahlreichen personen- und lokalgeschichtlichen Untersuchungen, die häufig aus der Perspektive von Nachfahren einer verfolgten Minderheit heraus entstanden sind, hat die professionelle Hugenottenforschung in der Geschichtswissenschaft insbesondere um das Jahr 1985 einen Boom erlebt: Anlässlich des dreihundertsten Jahrestages der Edikte von Fontainebleau und Potsdam wurde nunmehr nicht allein die weltweite Zerstreuung der Hugenotten in Publikationen und Ausstellungen historisch gewürdigt, sondern auf deutscher Seite insbesondere die Ansiedlung der *réfugiés* in Preußen. Davon ausgehend hat sich in den Folgejahren die Hugenottenforschung noch weiter versachlicht und ist von einer Domäne der Nachfahren zu einem Feld geworden, auf dem sich Migrationshistoriker inzwischen ebenso tummeln wie Experten für die Geschichte von Politik, Religion, Ideen oder des Militärs. Die schiere Menge an Publikationen zum Thema ist kaum noch zu übersehen. Dies hängt freilich auch mit dem Reichtum der zeitgenössischen Quellenüberlieferung zusammen.

Die Historiographie zu den Hugenotten nahm somit ihren Ausgang in der konfessionellen Märtyrergeschichtsschreibung und hat nach langen hagiographischen, konfessionspolemischen und familienhistorischen Phasen inzwischen die Sozial- und Kulturgeschichte erreicht. Heutzutage hat die fachwissenschaftliche Forschung sich von Betroffenheitsnarrativen und einer einseitigen Opfergeschichtsschreibung verabschiedet – sie betont dagegen unter anderem die grenzüberschreitenden Netzwerke und Beziehungen der hugenottischen «Diaspora» dies- und jenseits des Atlantik, aber etwa auch die Facetten multikonfessionellen Zusammenlebens vor Ort (in Frankreich wie in den einzelnen Aufnahmeterritorien), das keineswegs allein durch Konflikte, religiösen Hass, Xenophobie oder individuelles Heldentum gekennzeichnet war. Im vorliegenden Buch gilt es daher, die Besonderheiten des Phänomens Hugenotten angemessen zu würdigen, ohne aus den Augen zu verlieren, dass die Geschichte dieser Gruppe gleichzeitig mit größeren politisch-religiösen und kulturellen Entwicklungen, mit Migrationsphänomenen und Minderheitsdiskursen in europäischer und globaler Perspektive verbunden ist.

Die Geschichte der Hugenotten lässt sich auf unterschiedliche Weise erzählen: aus der Perspektive Frankreichs, aus der Sicht einzelner Einwanderergemeinschaften oder mit Blick auf eine grenzüberschreitende Diaspora. Dieses Buch setzt die Perspektiven miteinander in Beziehung. Grundlegend ist der Wunsch, den historischen Akteuren eine Stimme zu geben, die mehr waren als passive Opfer von Königtum und Papstkirche und die gleichzeitig nicht hinter den großen Strukturen und Prozessen, hinter anonymen Massen, Zahlen und Statistiken verschwinden dürfen.

Das Buch begleitet die Hugenotten auf ihrem Weg von Frankreich in die Welt. Es setzt ein mit der Etablierung des Protestantismus in Frankreich. Dann folgt es den Schicksalen der hugenottischen Minderheit in den französischen Religionskriegen. Es widmet sich anschließend ihren Überlebensstrategien zwischen Frankreich und Europa im 17. Jahrhundert. Umfangreichen Raum nehmen danach die Migrationen der Hugenotten, das *Refuge* und die Entstehung einer Diasporagemeinschaft ein: ausgehend von den mitteleuropäischen Territorien, darunter Brandenburg-Preußen, über die protestantischen Staaten Europas bis in die globale Ferne Amerikas, Afrikas und Asiens.

Auf wenigen Seiten ist dies der Versuch, die Geschichte, Religion und Kultur der Hugenotten in französischer, deutscher, europäischer und globaler Perspektive zu beschreiben. Dabei geht es auch darum, die Konstruktion einer Schicksalsgemeinschaft zu beleuchten und mancherlei ältere Mythen zu hinterfragen. Heute gelten die Hugenotten als bedeutendste Migrantengruppe der Vormoderne. Sie waren mehr als nur die Leidtragenden konfessioneller Intoleranz. Vielmehr bildeten sie eine lebendige Minderheit und politisch-religiöse Akteursgemeinschaft, deren Einfluss Grenzen überschritt und weit über Frankreich hinausreichte.

2. Reformation in Frankreich oder: Die Entstehung der Hugenotten

Die Reformation und die Spaltung der lateinischen Christenheit waren ein Phänomen, das große Teile Europas erfasste. Mag aus einer deutschen Sicht heraus traditionell die Person des Reformators Martin Luther (1483–1546) dominieren, so zeigt sich im Frankreich des 16. Jahrhunderts die Vielfalt lokaler und internationaler Einflüsse, aus denen sich Alternativen zur römisch-katholischen Papstkirche formierten. Die Gemengelage reformatorischer Strömungen und die schwierigen Versuche einer Institutionalisierung der französischen Reformation stehen im Zentrum dieses Kapitels. Denn hier liegt der Ursprung der Hugenotten.

Königtum und Reformation

Die religiöse Ausgangslage in Frankreich unterschied sich zunächst kaum von der seines östlichen Nachbarn, des Römisch-Deutschen Reichs: Widerstände gegen Ablasshandel, nachlässige Frömmigkeitspraxis und Amtsführung von Priestern führten um 1500 zu weit verbreiteter Kirchenkritik, die Teile der Bevölkerung empfänglich für Reformen machte. Die Stoßrichtung galt dabei allerdings nicht allein dem Papst, denn in Frankreich versuchten sich König und Kirche bereits früh von Rom zu emanzipieren: Seit dem Konkordat von Bologna 1516 besaß der König das Recht, Bischöfe einzusetzen. Ins Visier gerieten ebenso die örtlichen Domkapitel, denen traditionell das Recht der Bischofswahl zustand. Im Lauf des 16. Jahrhunderts verschlechterte sich das Verhältnis des Papstes zum französischen König weiter, der zum nahezu unangefochtenen Oberhaupt einer französischen, «gallikanischen» Kirche wurde – freilich ohne es auf einen völligen Bruch mit Rom anzulegen wie sein englischer Zeitgenosse Heinrich VIII. (1491–1547).

Aus der Emanzipation des Monarchen gegenüber Papst und lokalen Gewalten spricht die enge Verbindung von Königtum und Kirche in Frankreich, die sich in spezifischen Ritualen ausdrückte: Die Krönung eines Königs in der Kathedrale von Reims bestand aus der Salbung durch den Erzbischof und der Kommunion mit Brot und Wein. Mit der Krönung verband sich die dem Monarchen zugeschriebene göttliche Macht, Kranke zu heilen, und auch sein Versprechen, die Kirche zu schützen und Ketzer zu bekämpfen. König Franz I. (1494–1547) aus dem Haus Valois, der große Rivale des Habsburgerkaisers Karl V. (1500–1558), ließ sich als «allerchristlichster König» (*roy trescrestien*) bezeichnen, in dessen Person Gesetz und Glaube zusammenfielen (*une foi une loi un roi*). Religiöse Abweichungen in der Untertanenschaft betrafen damit nicht allein das Gewissen des Einzelnen, sondern das Landeswohl: Sie wurden zu zivilen Vergehen oder gar zu strafwürdigen Verbrechen. In späteren Jahren markierte eine Passage aus dem Matthäusevangelium die königlich-katholische Position: «Jedes Reich, das mit sich selbst uneins ist, wird verwüstet» (Mt 12:25).

Franz I. wandelte sich im Lauf seines Lebens vom humanistisch interessierten Dulder reformatorischer Tendenzen zum Unterstützer streng katholischer Positionen und nahm selbst an öffentlichen Bußprozessionen teil. Es wäre gleichwohl verkürzt, hier bereits die Wurzeln einer späteren Opposition zwischen französischem Königtum und Hugenotten zu sehen. Die Gegnerschaft zwischen Katholiken und Protestanten in Frankreich, die in den nächsten Jahrzehnten zu blutigen Konflikten führen sollte, war vielmehr das Resultat eines längeren Prozesses, in dem sich konfessionelle mit politischen Faktoren, lokalen Gegebenheiten und adeligen Familieninteressen überlagerten. Die Anfänge der französischen Reformation lassen sich demgegenüber eher als eine Zeit des Wildwuchses, als Jugend- und Untergrundbewegung interpretieren, zwischen obrigkeitlicher Sorge und stillschweigender Akzeptanz.

Der neue Glaube etablierte sich rasch unter Studenten und

Kaufleuten, etwa durch die Verbreitung von Drucken aus den Händen umherziehender Prediger. Zwar hatten bereits im Jahr 1521, vier Jahre nach Luthers Wittenberger Thesen und unmittelbar nach seiner Exkommunikation, Theologen der Pariser Universität die Schriften des deutschen Reformators als ketzerisch verurteilt. Gleichwohl gaben die anti-habsburgische Haltung Frankreichs und das Interesse König Franz' I. an der Gelehrsamkeit des Humanismus einigen Anlass zur Hoffnung, die neue Lehre würde sich gerade in seinem Reich rasch durchsetzen können: So stellte der Züricher Reformator Ulrich Zwingli (1484–1531) seiner Schrift über die wahre und falsche Religion (*De vera et falsa religione commentarius*) 1525 eine Widmung an Franz I. voran. Der französische König hatte zu diesem Zeitpunkt gerade die Schlacht von Pavia verloren und befand sich für einige Monate in Gefangenschaft Kaiser Karls V. Tatsächlich war es Franz' Schwester Margarete von Navarra (1492–1549), die – mit offensichtlicher Billigung des Königs – zur Verbreitung der Reformation in Frankreich beitrug, indem sie deren Protagonisten schützte und förderte.

Die hochgebildete, literarisch aktive Margarete korrespondierte mit reformorientierten Klerikern wie Guillaume Briçonnet (1470–1534), Bischof von Meaux, und war zeit ihres Lebens eine wichtige Anlaufstelle für Anhänger der Reformation. Zu ihnen gehörte der Humanist Jacques Lefèvre d'Étaples (1450/1455–1536), ein Briefpartner Luthers, der – nur ein Jahr nach dessen deutscher Bibelübersetzung – im Jahr 1523 das Neue Testament ins Französische übertrug und kommentierte. Auch Johannes (Jean) Calvin (1509–1564) stand zunächst diesen Kreisen nahe.

Calvin und die französischen Protestanten

Auf Calvin lohnt es sich hier näher einzugehen, weil er die französische Reformation maßgeblich prägen sollte. Geboren in Noyon nördlich von Paris, kam er im Lauf seines Studiums der Theologie und Jurisprudenz mit Luthers Lehren in Kontakt. Forscher vermuten, dass Calvin hinter der Predigt seines Bekannten Nicolas Cop (1501–1540) vom Allerheiligentag 1533 steckte, die in Paris einigen Aufruhr verursachte. Die Predigt zu Cops Amtsantritt als Rektor der Sorbonne orientierte sich an Luthers Gnadentheologie, sie stieß bei den Universitätstheologen auf scharfe Ablehnung und führte dazu, dass Cop und Calvin Paris verlassen mussten.

Für Anhänger der neuen Lehre verschärfte sich die Situation im Folgejahr erneut, und zwar anlässlich der sogenannten Plakataffäre (*affaire des placards*): Am 18. Oktober 1534 fand man in mehreren französischen Städten und sogar im königlichen Palast Plakate, die in scharfer Form die Praxis der katholischen Messe kritisierten. Es kam zur Hinrichtung einiger Beteiligter, und König Franz I. positionierte sich nunmehr immer deutlicher gegen die neue Lehre. Calvin verließ Frankreich und floh nach Basel, wo er sein Hauptwerk, die *Christianae religionis institutio* (Unterricht in der christlichen Religion), veröffentlichte. Dieses zentrale Buch des reformierten Protestantismus verbindet sich mit dem späteren Wirken des Reformators in Genf (mit Unterbrechungen ab 1536), aber auch mit dem Ausgreifen seiner Lehre und Anhängerschaft nach Frankreich. Wie schon Zwingli vor ihm widmete Calvin sein Werk Franz I., nun aber um dem König zu demonstrieren, dass wahrer evangelischer Glaube nichts mit angeblichen Irrlehren wie denen der Täufer zu tun habe und daher nicht notwendigerweise zu Abspaltung und Aufruhr führen müsse. Vielmehr beruhe die evangelische Lehre auf der Bibel und den Kirchenvätern und diene der Aufrechterhaltung staatlicher Ordnung. 1541 erschien eine erweiterte Ausgabe der *institutio* in französischer Sprache, nur um kurz darauf in Frankreich verboten zu werden.

Unter den volkssprachlichen Titeln auf dem ersten Index verbotener Bücher in Frankreich von 1542 stammen mehr als zwei Drittel aus Genf, angeführt von den Schriften Calvins. Trotz zunehmender religiöser Einschränkungen und Gefahren bei der Glaubensausübung intensivierten sich die Beziehungen zwischen Genf und den französischen Protestanten weiter. Aus dem Exil heraus verlangte Calvin von seinen Anhängern, in religiöser Hinsicht klar Position zu beziehen. Er verurteilte sogenannten

Nikodemismus, das heißt die religiöse Verstellung von Anhängern der Reformation durch äußerliche Übernahme katholischer Praktiken. Calvins Attacken auf französische Nikodemiten können auch als Angriff auf den Kreis der sogenannten *luthériens* im Umfeld Margarete von Navarras und der Diözese von Meaux verstanden werden, denen der Genfer Reformator inzwischen die Führerschaft der französischen Protestanten streitig machte. Bezeichnenderweise ist aus der Stadt Meaux auch ein früher Versuch des Aufbaus von Kirchenstrukturen im Jahr 1546 überliefert: Mehrere hundert Anhänger der Reformation wählten einen bibelkundigen Handwerker zu ihrem Anführer und trafen sich zu geheimen, gottesdienstartigen Versammlungen. Sie beteten und lasen gemeinsam aus der Heiligen Schrift, bis die Treffen bekannt wurden und zu Verhaftungen, Ausweisungen und Exekutionen führten.

Ab der Mitte der fünfziger Jahre entstanden unter Genfer Einfluss erste reformierte Kirchgemeinden in Paris, Poitiers und andernorts, die über einen Pastor und ein Konsistorium verfügten und regelmäßig Gottesdienste abhielten. Die neuen Gemeinden wurden in kürzester Zeit so zahlreich, dass Calvin über Nachschubprobleme an ausgebildeten Geistlichen klagte: Mehr als 200 Pastoren wurden aus Genf entsandt, doch die Kirchgemeinden scheinen schon bald annähernd die Zahl tausend erreicht zu haben. Selbst wenn alle diesbezüglichen Zahlenangaben mangels verlässlicher Quellen problematisch sind, so zeigt sich an der Zunahme von Gemeinden doch die enorme Attraktivität des Protestantismus in Frankreich, der in den Jahren um 1560 möglicherweise zwischen anderthalb und zwei Millionen Menschen und damit rund ein Zehntel der französischen Bevölkerung erreichte. In den Folgejahrzehnten sollte die Zahl derjenigen, die sich zum neuen Glauben bekannten, stetig abnehmen.

Spaltungen? Die Etablierung
des reformierten Bekenntnisses

Es scheint, als ob das reformierte Bekenntnis Genfer Prägung zunächst vorwiegend lesekundige und mobile Bevölkerungsschichten anzog. Vor allem Stadtbewohner, außerdem Personen aus dem hohen Adel und mit großen regionalen Unterschieden auch Teile der Landbevölkerung fühlten sich zum neuen Glauben hingezogen. In diesen Jahren, die von Untergrundstrukturen und schwacher Institutionalisierung geprägt waren – einer Zeit also, aus der keine Mitgliederverzeichnisse und kaum Kirchenbücher existieren –, ist von einer fluktuierenden Anhängerschaft des Reformiertentums auszugehen, die sich oft nur näherungsweise schätzen lässt: anhand von Gottesdienstteilnahmen, über Korrespondenzen und Synodalprotokolle, am Besitz protestantischer Schriften oder über die Beteiligung an Konflikten, die ihrerseits aktenkundig wurden. Zeitgenossen erkannten die Anhänger der neuen Lehre zum Beispiel am Singen von Psalmen, die von Calvin und dem Dichter Clément Marot (1496–1544) in Reim- und Liedform gebracht worden waren. Die Psalmen wurden bald auch ins Gaskognische und Béarnais übersetzt. Sie dienten gerade im Kontext konfessioneller Konfrontation als identitätsstiftendes Merkmal und Erkennungszeichen des Reformiertentums.

Vielerorts etablierte sich der französische Protestantismus zunächst im Untergrund. Wo es jedoch zu regelrechten Stadtreformationen kam wie in Montpellier, Nîmes oder Montauban, da ging dies bisweilen mit einer gewaltsamen Übernahme von Kirchen oder mit Unruhen bis hin zu Bilderstürmen einher. Unter dem Singen von Psalmen zogen (nicht nur) jugendliche Anhänger des neuen Glaubens durch die Straßen, sie köpften Heiligenstatuen und besetzten städtische Räume: so bei der Aufteilung oder Übernahme von Gemeinschaftseigentum wie Friedhöfen, um die in Lyon und anderswo heftig gestritten wurde. Zusätzlich trugen die Entheiligung von Feiertagen, provokative öffentliche Prozessionen oder Agitationen durch Geistliche dazu bei, dass sich die Stimmung zwischen Reformierten und Altgläubigen enorm aufheizen konnte. Die Formen der Aneignung des städtischen Raumes in konfessionell umkämpften Gemeinwesen wie Lyon oder Orléans umfassten ein breites Spektrum: vom Singen und Glockenläuten über das physische Abschreiten eines Gebietes in Umzügen und Prozessionen bis hin zu Konflikten und körperlicher Gewalt.

Die beginnende Spaltung von Kirche und Gesellschaft machte vor den Familien nicht Halt: Hier konnten sich Risse auftun, wenn etwa der Ehemann zum neuen Glauben übertrat und seine Frau weiterhin der alten Kirche anhing. Konsequenzen hatte dies innerhalb einer dörflichen Gemeinschaft oder eines Stadtviertels, für den Besuch von Gottesdiensten, für Taufen, Patenschaften und die Erziehung von Kindern, für Hochzeiten, Bestattungen und vieles mehr. Auch die Vergabe von Vornamen wurde zum konfessionellen Statement: Ein Grundsatzdokument wie die *Discipline des Eglises réformées de France* ermunterte Protestanten, ihren Kindern bevorzugt biblische Namen zu geben. Zeitweilig scheinen sich unter ihnen denn auch Vornamen durchgesetzt zu haben, die auf das Alte Testament verweisen (Abraham, Sarah etc.). Demgegenüber waren bei Katholiken die Namen von Heiligen verbreitet. An solchen und anderen Beispielen lässt sich die außerordentlich hohe Bedeutung des Religiösen für nahezu alle vormodernen Lebensbereiche nachvollziehen.

Inhaltlich orientierte sich der neue Glaube an zentralen Auffassungen Johannes Calvins und seiner Mitstreiter aus dem reformierten Protestantismus: darunter der Lehre von der göttlichen Vorherbestimmtheit der Auserwählten und Verworfenen (die sogenannte doppelte Prädestination), aber auch der Vorstellung einer geistlichen Präsenz Christi im Abendmahl, die sich von der Realpräsenz bei Lutheranern und Katholiken unterschied. Zur theologischen Grundlage französischer Protestanten wurde die *Confession de foi* oder *Confessio Gallicana* des Jahres 1559, die Calvin und Theodor Beza (1519–1605) verantworteten. Sie wurde 1571 auf der Nationalsynode von La Rochelle in abgeänderter Form bestätigt. Ursprünglich sollte sie nicht allein für eine theologische Verständigung ihrer Anhänger untereinander sorgen, sondern auch den französischen König sachlich über den neuen Glauben informieren, den der Monarch für ketzerisch hielt. Die *Confessio Gallicana* ist in gewisser Weise typisch für den reformierten Protestantismus in Europa, der im Unterschied zum Luthertum kein zentrales, allgemein gültiges Grundsatzdokument hervorbrachte, sondern verschiedene Bekenntnisschriften regionaler Reichweite: für Schottland, das Römisch-Deutsche Reich oder die Schweizer Eidgenossenschaft und nun auch für Frankreich.

Bei der Etablierung einer neuen Glaubensgemeinschaft sind Untergrundfrömmigkeit, spontane reformatorische Aktionen oder die Verständigung unter den Theologen auf eine verbindliche Bekenntnisgrundlage nicht alles: Mindestens ebenso bedeutsam ist der Aufbau fester Organisationsstrukturen, der in Frankreich ausgangs der fünfziger Jahre einsetzte. In ihren Gemeinden bildeten französische Reformierte ähnlich wie zuvor in Genf Konsistorien mit Pastoren, Ältesten und zunächst auch Diakonen. Daran zeigt sich die große Bedeutung des Zusammenwirkens von Geistlichen und Laien im reformierten Protestantismus. Eine französische Neuerung war das abgestufte System von Synoden und Kolloquien auf Provinzial- und Territorialebene, wodurch eine landesweite Kooperation der Gemeinden untereinander möglich wurde. Die Einflussnahme weltlicher Autoritäten war nicht vorgesehen – angesichts des anfänglichen Untergrundcharakters des französischen Protestantismus überrascht dies kaum. Die erste von insgesamt 29 Nationalsynoden Frankreichs (bis 1660), die im Jahr 1559 noch im Geheimen und ohne Zustimmung Calvins in Paris einberufen wurde, verabschiedete mit der *Discipline des Eglises réformées de France* ein entsprechendes Grundsatzdokument, das für alle französischen Reformierten Gültigkeit beanspruchte.

Die Organisation der reformierten Kirche in Frankreich zeichnete sich durch eine Mischung aus hierarchischer Zentralisierung und regionaler Breite aus. Das personelle Zentrum jeder Gemeinde war zweifellos der Pastor. Ihm oblagen seelsorgliche Aufgaben und die Durchführung von Gottesdiensten einschließlich der Ausspendung des Abendmahls. Der Zulassung von Gemeindemitgliedern zu diesem Sakrament ging manchmal eine Glaubensüberprüfung voran, die der Geistliche mit Hilfe von Frage-Antwort-Katechismen durchführte. Letztlich hing es vom jeweiligen Pfarrer ab, welche Antworten er gelten ließ und wen er für ausreichend glaubensfest hielt, um an der Kommunion teilzunehmen.

Üblicherweise traf sich eine Gemeinde viermal jährlich zur Ausspendung des Abendmahls. Wo dies möglich war, errichteten bzw. übernahmen die Gemeinden Versammlungsräume oder ganze Gotteshäuser. Trotz eines entsprechenden Verbotes entstanden bereits in den sechziger Jahren an einigen Orten (darunter im mehrheitlich protestantischen Nîmes) hugenottische *temples*, die allerdings häufig zum Ziel von Attacken durch die katholische Seite wurden (so in Lyon). Zu architektonischen Symbolen des neuen Glaubens wurden diese Gotteshäuser besonders seit Beginn des 17. Jahrhunderts, nachdem das Edikt von Nantes ihren Bau landesweit, wenn auch unter Einschränkungen gestattet hatte.

Selbstredend waren die einzelnen Gemeinden auf ausreichende finanzielle Ressourcen angewiesen: nicht nur für den täglichen Betrieb, das heißt um Gehälter zu bezahlen und Gebäude instand zu halten, sondern auch, damit ihre Diakone die örtlichen Armen versorgen konnten. Spenden und Erbschaften von wohlhabenden Mitgliedern bildeten daher einen wichtigen finanziellen Grundstock. Stipendien von Gemeinden oder einzelnen Gönnern ermöglichten die Ausbildung des geistlichen Nachwuchses in Genf und anderswo, und die überregionalen Finanztransaktionen und Spendenreisen von Angehörigen reformierter Kirchen deuten auf ein hohes Maß an finanzieller Solidarität zwischen reicheren und ärmeren Gemeinden hin.

Die Regelung von Wirtschafts- und Verwaltungsangelegenheiten, aber auch die Sozialversorgung oblag den Konsistorien, Kolloquien und Synoden. Die Konsistorien kümmerten sich vordringlich um die Kontrolle und Überwachung von Sitten und Moral in den Gemeinden und um die Lösung von Streitigkeiten. In der Forschung gilt der reformierte Protestantismus denn auch als diejenige Konfession, in der Sittenzucht und Gemeindedisziplin auf besonders elaborierte und teilweise geradezu beklemmende Weise durchgesetzt wurden – bis hin zum Ausschluss Einzelner vom Abendmahl oder gar der Exkommunikation bei mehrfachem, schwerem Fehlverhalten. Für Andersdenkende innerhalb des reformatorischen Spektrums ergaben sich hier unter Umständen nur sehr überschaubare individuelle Spielräume: Ein Theologe wie Jean Morély (um 1524–um 1594), der offenere, stärker basisdemokratische Kirchenstrukturen forderte, wurde denn auch auf Betreiben Genfs exkommuniziert.

Im Alltag der Gläubigen bedeutete die reformierte Disziplinierung von Sitten und Moral, dass die Gemeindeältesten das Verhalten Einzelner überwachten und ihrem jeweiligen Konsistorium Bericht erstatteten. Unter sanktionswürdigem Fehlverhalten rangierten sexuelle Vergehen, Gewalt, Trunkenheit, Streitsucht oder Gotteslästerung. Tanzveranstaltungen waren ein besonderes Problem, denn Tanzen assoziierte man mit den Festbräuchen des «papistischen», also katholischen Gegners, mit weltlichen Eitelkeiten und vor allem mit sexueller Ausschweifung. Wenn jemandem sündhaftes Verhalten nachgewiesen wurde, dann kam ein abgestufter Strafenkatalog zur Anwendung, der von informellen Warnungen bis zum Ausschluss aus der Gemeinde reichte. Nur wer nachweislich und aufrichtig bereute, der wurde nach einer gewissen Zeit wieder in die Kirche aufgenommen. Bei der Sittenzucht griff der neue Glaube daher recht unmittelbar in die alltäglichen Lebensgewohnheiten der Menschen ein. Doch gleichzeitig scheint es, als ob sich reformierte Christen in ihrer Lebensführung von derartigen Vorgaben nur bedingt beeindrucken ließen.

Frauen hatten einen gewichtigen Anteil an der Verbreitung des französischen Protestantismus. Weibliches Engagement für die Ausbreitung der Reformation war nicht auf gelehrte Einzelpersonen aus dem hohen Adel wie die bereits erwähnte Margarete von Navarra beschränkt. Zwar sah die reformierte Kirche für Frauen keine offiziellen Funktionen vor (und man kann daher auf institutioneller Ebene sicher von männlich dominierten Strukturen im Reformiertentum sprechen – gerade im Vergleich zum römischen Katholizismus mit seinen weiblichen Heiligen

und seinen Frauenklöstern). Dennoch scheinen Frauen innerhalb der Familien oder in karitativen Zusammenhängen wichtige Funktionen als Unterstützerinnen und Verbreiterinnen des
neuen Glaubens übernommen zu haben – anknüpfend an vor-
reformatorische Formen von Frömmigkeit und Sozialfürsorge.
Bei moralischen Vergehen von Frauen rief man zwar häufig ihre
Ehemänner oder Väter vor das Konsistorium, weil ein Familien-
vater damit gleichzeitig entlarvt wurde als jemand, der sein
Haus nicht im Griff hatte. Umgekehrt wandten sich allerdings
Frauen in Fällen häuslicher Gewalt auch selbst an Konsistorien
oder arbeiteten mit Gemeindegremien zusammen, wenn es um
die Aufrechterhaltung von Sitten und Moral bei weiblichen Ge-
meindegliedern ging.

Neuerdings neigt man dazu, für Frankreich genau wie für andere Gebiete im vormodernen Europa ein hohes Maß an religiöser Pluralität im Alltag anzunehmen: entweder weil Angehörige beider Konfessionsgruppen innerhalb eines Gemeinwesens
aus ganz praktischen Erwägungen heraus friedlich miteinander
kooperieren mussten oder weil lokale Übereinkünfte und Gesetze das Zusammenleben konfessionsübergreifend regelten. So
besannen sich etwa die Honoratioren einer Stadt wie Limoges
auf ein besonderes städtisches Einheitsbewusstsein ihrer Bewohner und hielten damit gewaltsame Unruhen und Provokationen
zwischen Katholiken und Reformierten im Zaum. Anderswo
lassen sich ebenfalls seit der Etablierung des Reformiertentums
um die Mitte des 16. Jahrhunderts Lebensformen und Alltags-
praktiken nachweisen, die Bekenntnisgrenzen überschritten: gemischtkonfessionelle Ehen, Taufpaten aus dem jeweils anderen
konfessionellen Lager, gemeinsame Friedhöfe oder gemischte
städtische Ratsgremien. In der Gemeinde Saint-Affrique im
Languedoc wurden gar die Stadtschlüssel symbolisch zwischen
Katholiken und Protestanten aufgeteilt.

Diese Beispiele zeigen einen gewissen Eigensinn in der All-
tagsgestaltung und die vielfältigen Spielräume der Bevölkerung,
ohne die sich das reformierte Bekenntnis vielleicht nie hätte eta-
blieren können. Bei Bedarf entzogen sich die Reformierten mitunter geschickt den Versuchen kirchlicher Disziplinierung und

obrigkeitlicher Normsetzung seitens ihrer eigenen Partei, weil es vorderhand um das Zusammenleben mit Verwandten, Freunden und Nachbarn ging. Auch ein Bedürfnis nach Sicherheit und Schutz spielte hier eine Rolle, denn wen man gut kannte, der war nicht so leicht zu denunzieren.

Koexistenz? Religiöse Pluralität und die Rolle der Monarchie

Einen wichtigen Beitrag zur Koexistenz beider Glaubensrichtungen im Alltag leisteten am Vorabend der Religionskriege zeitweilig sogar die Organe der französischen Monarchie, namentlich königliche «Friedenskommissare», die in den sechziger Jahren des 16. Jahrhunderts von der Zentrale in die protestantische Peripherie entsandt wurden. Sie schlichteten Streit und forcierten den Abschluss formeller «Freundschaftsabkommen» (*pactes d'amitié*). Mit einer Rhetorik der Freundschaft und dem Rekurs auf ein lokales Gemeinschaftsgefühl (*municipalisme*, M. Cassan) umging man geschickt alle problematischen Bezüge auf religiöse Wahrheitsfragen. Politiker wie Michel de l'Hôpital (um 1505–1573) schlugen zur selben Zeit gar eine Trennung zwischen *civis* (Bürger) und Christ vor. Die Einheit von Königtum, Land und Glaube schien langsam aufzuweichen, und daran hatte die Etablierung des reformierten Protestantismus einen entscheidenden Anteil.

Gleichzeitig entzieht sich das Alltagsleben von Katholiken und Protestanten im Frankreich des 16. Jahrhunderts einer einfachen Kategorisierung. Koexistenz ist leichter vorstellbar in einer Zeit fließender konfessioneller Übergänge um die Mitte des 16. Jahrhunderts als etwa hundert Jahre später, als sich die Bekenntnisse bereits in distinkter Weise (auseinander-) entwickelt hatten. Aus dem Zusammenleben von Katholiken und Protestanten auf lokaler Ebene resultierte jedoch nicht notwendigerweise Toleranz im modernen Sinn: Die Duldung Andersdenkender oder Andersgläubiger war in der Vormoderne keineswegs ein positiv besetztes Ziel, sondern allenfalls ein notwendiges Übel, das vorübergehend zu akzeptieren war. Zwar forderte man Toleranz von anderen, doch selbst tolerierte man nur, wen oder was man nicht eliminieren konnte. Und so galten auch königliche Versuche, eine Koexistenz zwischen Katholiken und Reformierten festzuschreiben, immer nur so lange, bis die Monarchie sich in der Lage sah, «durch die Gnade Gottes die Untertanen wieder vereinigen» zu können, wie es im Edikt von Saint-Germain vom 17. Januar 1562 (§ I,3) hieß. War augenblicklich der Weg zur Einheit versperrt, so ging man den der Koexistenz.

Dem «Januaredikt» von Saint-Germain war der gescheiterte Versuch vorausgegangen, im Religionsgespräch von Poissy 1561 zu einer Versöhnung der Bekenntnisse zu gelangen – oder zumindest zu einem Entgegenkommen der Katholiken gegenüber den Hugenotten. Die Krone – vertreten durch Katharina von Medici (1519–1589) als Regentin für ihren jugendlichen Sohn Karl IX. (1550–1574) – räumte den Anhängern des neuen Glaubens offiziell Versammlungsfreiheit ein. Allerdings mit entscheidenden Einschränkungen: Im Inneren der Städte sowie bei Nacht waren Gottesdienste untersagt (faktisch durften auch um Paris und den Hof herum im Abstand mehrerer Kilometer keine reformierten Gottesdienste abgehalten werden). Geistlichen verbot man zudem, die jeweils andere Seite zu schmähen und zu beleidigen.

Das Edikt von Saint-Germain bedeutete die offizielle Anerkennung des Protestantismus in Frankreich. Es war eine Reaktion auf den raschen und immensen Erfolg der Reformation unter der französischen Bevölkerung, der sich um 1560 in der Entstehung zahlreicher Gemeinden widerspiegelte und sich durch obrigkeitliches Vorgehen nicht mehr ohne weiteres eindämmen ließ. Das Edikt ging inhaltlich weiter als die meisten Regelungen in anderen Staatswesen Europas, wo man sich in denselben Jahren mit ähnlichen Problemen konfrontiert sah. Optimistisch ist behauptet worden, dass Frankreich damit überhaupt der erste größere Territorialstaat gewesen sei, der einer religiösen Minderheit Glaubensfreiheit eingeräumt habe. Sogar in der Sprache schlug sich diese Modernität nieder: Im Gegensatz zu früheren und späteren Edikten und Proklamationen war in Saint-Germain weder abwertend von *luthériens* noch von den Anhängern einer «angeblich reformierten Religion» die Rede, sondern wertneutral von einer «neuen Religion» (*nouvelle religion*). Die Hoffnungen jedoch, dass das Edikt ein vielversprechender Start in ein multikonfessionelles Frankreich werden könnte (manche Hugenotten sahen darin gar den Anfang vom Ende des französischen Katholizismus), sollten in der Folgezeit stark erschüttert werden. Schwierigkeiten lagen nämlich in seiner praktischen Umsetzung. Das Edikt brachte Gottesdienste zwar in die Öffentlichkeit, wo zuvor nur Betstunden in Privathäusern stattgefunden hatten. Gleichzeitig erschwerte es mancherorts die Situation für Hugenotten, die nunmehr zum Erhalt der Sakramente eine Reise auf sich nehmen mussten, während sie zuvor in Untergrundgemeinden versorgt worden waren, und die nun auf dem Weg zu ihren Gottesdiensten von katholischen Anwohnern drangsaliert werden konnten. Das Tragen von Waffen jedoch war den Protestanten im Edikt explizit verboten worden. Gerade in den Städten, wo die Reformierten faktisch in der Mehrheit waren, sorgte das Edikt für große Probleme. In Bittschriften verlangten Protestanten von den Behörden Sicherheitsgarantien für einen ungestörten Zugang zu ihren Gottesdiensten. Andere baten darum, Gottesdienstorte näher an die Städte zu verlegen, damit sich etwa im Fall von Kindstaufen beschwerliche Reisen vermeiden ließen, die das Leben von Neugeborenen gefährdeten.

Derartige praktische Probleme deuten darauf hin, dass das Verhältnis der Hugenotten zur königlichen Verwaltung und zur katholischen Bevölkerung weiterhin äußerst prekär war. Auf eine obrigkeitliche Konfessionalisierung des Territoriums analog zu anderen europäischen Staatswesen, deren Herrscher die Reformation angenommen hatten, war für die Protestanten Frankreichs kaum zu hoffen. Ausnahmen bildeten allenfalls die Fürstentümer Orange, Sedan und besonders das kleine Pyrenäenländchen Béarn, wo unter der Regierung von Jeanne d'Albret (1528–1572), der Tochter Margaretes von Navarra, eine protestantische Landeskirche entstand.

Von regionalen Ausnahmen abgesehen blieb den Hugenotten

im 16. Jahrhundert der Status einer Minderheit. Dass ihnen – analog zu anderen reformierten Kirchen – eine starke innere Disziplin, strenge Sittenzucht und ein auffälliger Gruppendruck zu eigen waren, ist vor diesem Hintergrund nicht überraschend. Minderheiten neigen häufig nicht zu einer Politik des *Laissez-faire*, sondern im Gegenteil zu einer strengen Bewahrung ihrer Eigenidentität (auch mit entsprechenden Zwangsmaßnahmen), weil sie ansonsten ihre Auslöschung oder das Aufgehen in der Mehrheit fürchten müssen.

Hugenotten unterschieden sich von Katholiken durch ihre Dogmen, Riten und ihre Sozialorganisation. Die strenge Sittenzucht machte sie indes den Altgläubigen gegenüber nicht automatisch zu moralisch besseren Menschen, auch wenn sie dies für sich selbst immer wieder reklamierten. In Bittschriften oder in der gedruckten Publizistik und Geschichtsschreibung vertraten sie ihre Anliegen mit besonderem religiösem Eifer und großem Nachdruck: durch die Präsentation von Geschichten des Leids, der Verfolgung und des Martyriums. Damit ging nicht selten eine Überhöhung von Fakten, Größen- und Kräfteverhältnissen einher, die man heute als Verzerrung der Realitäten ansehen würde. Erst jüngst hat man etwa eine geradezu mythische Größe der hugenottischen Geschichtsschreibung, die Anzahl von exakt 2150 reformierten Gemeinden im Frankreich des Jahres 1562, deutlich nach unten korrigiert, und zwar auf rund 800 Gemeinden. Aus heutiger Sicht erscheint auch diese Zahl noch eindrucksvoll genug, weil sie den enormen Aufstieg des Reformiertentums in kürzester Zeit dokumentiert. Den Zeitgenossen ging es im Vorfeld der französischen Religionskriege freilich um etwas anderes, nämlich darum, die eigene Stärke herauszustellen und ihren Gegnern aus Königtum, Adel und katholischer Bevölkerung größtmöglichen Respekt einzuflößen. Lange Zeit sind derlei Angaben für bare Münze genommen worden, obgleich inzwischen immer deutlicher wird, dass Zahlen wie diese eine politische Funktion besaßen. Analog dazu sind auch hugenottische Opferzahlen oft besonders hoch und dramatisch ausgefallen, um katholische Grausamkeiten und protestantisches Martyrium zu dramatisieren. Die Todesopfer der Bartholomäusnacht von 1572, des wohl bekanntesten und schockierendsten Ereignisses für den französischen Protestantismus, hat man daher ebenfalls nach unten korrigiert.

Die Bartholomäusnacht verweist bereits auf das nächste Kapitel, das sich der Verschärfung des Verhältnisses zwischen französischen Protestanten und Katholiken in den Religionskriegen widmet. Als Resultat lässt sich an dieser Stelle festhalten, dass – unabhängig davon, wie groß die Zahl der hugenottischen Gemeinden und ihrer Mitglieder denn nun genau war – der Protestantismus in Frankreich zeitweilig eine rasante Entwicklung genommen hatte und dass er sich aus unterschiedlichen (französischen, lutherisch-deutschen und eidgenössischen) Quellen speiste. Bereits seine Entstehung ist von Mobilität und Minderheitsbewusstsein geprägt. Insbesondere die Einflüsse Genfs spiegelten sich in Frankreich wider: von der Kirchenorganisation über die strenge Sittenzucht bis hin zur Erbauung und dem Singen von Psalmen. In der Zeit der Religionskriege sollte man sich mit geistlichen Gesängen jedoch nicht mehr aufhalten: es wurde laut und blutig.

3. Bekenntnis, Politik und Gewalt:
Die Religionskriege

Wie konnte auf die vielversprechenden Anfänge des Protestantismus in Frankreich ein so blutiges Gemetzel wie die Religionskriege folgen, deren Grausamkeit nicht allein Frankreich, sondern große Teile Europas schockierte und in Angst versetzte? Resultierte gar die Eskalation der Gewalt aus dem Geist der religiösen Koexistenz, die immer nur als vorläufig verstanden wurde, bis dereinst die Wahrheit den Sieg davontrüge? Fragen wie diese sind kaum zufriedenstellend zu beantworten. Denn letztlich handelte es sich immer um zwei Seiten derselben Medaille. Koexistenz und Akzeptanz Andersgläubiger galten nur so lange nicht als faule Kompromisse, bis eine Seite die Oberhand erlangte. Daher wechselten sich auch in der Epoche der Religionskriege königliche Zugeständnisse gegenüber den Hugenotten ab mit Episoden härtester Verfolgung. Die politischen Geschicke und Kriegsverläufe waren über Jahrzehnte ein stetiges Auf und Ab – sie mäanderten zwischen Sieg und Niederlage, Freiheit und Einschränkung für die eine oder andere Seite. Was einzelne Grausamkeiten betraf, so standen Hugenotten und Katholiken einander oft in nichts nach.

Die Eskalation des konfessionspolitischen Drucks auf das reformierte Lager und die kriegerischen Exzesse in der zweiten Hälfte des 16. Jahrhunderts sind Thema dieses Kapitels. Es beschreibt die Eskalationsstufen von Verfolgung und Gewalt, die mit acht Religionskriegen und dem Schock der Bartholomäusnacht verbunden sind, Abertausende an Menschenleben auf beiden Seiten kosteten und schließlich mit dem Edikt von Nantes die kurzzeitige Hoffnung auf einen Religionsfrieden hervorbrachten.

Abweichler: Der Kampf der Monarchie gegen die Ketzerei

Bereits früh hatte sich angedeutet, dass die königlichen und kirchlichen Organe bereit waren, unter bestimmten Umständen mit aller Härte gegen den neuen Glauben vorzugehen. Zwar sind die Zahlen der wegen Ketzerei verurteilten oder gar hingerichteten Anhänger der Reformation in der Regierungszeit Franz' I. eher gering, doch standen bereits die vierziger Jahre im Zeichen eines Krieges gegen die Häresie: Der König übertrug 1540 die Verfolgung Andersgläubiger den weltlichen Gerichten, den *parlements*. Religiöse Abweichungen wurden damit zu Staatsverbrechen.

Mit Heinrich II. (1519–1559), der im Jahr 1547 den französischen Thron bestieg, wird die sogenannte *chambre ardente* am Pariser *parlement* verbunden, die «glühende» bzw. «hitzige» Kammer des höchsten französischen Gerichtshofs. Unklar ist die Herkunft der Bezeichnung für dieses Sondergericht: Der Name geht entweder auf einen abgedunkelten, nur mit Fackeln beleuchteten Raum zurück, in dem die Verfahren stattfanden, oder er verband sich mit seiner besonderen Aufgabe, namentlich der Verfolgung und Verurteilung von Protestanten. Aus der lückenhaften Überlieferung lässt sich schließen, dass die Prozesse und Verurteilungen von Häretikern (von denen 11,5 Prozent, d. h. 37 Personen, zwischen 1548 und 1550 zum Tode verurteilt wurden) zwar gegenüber den Vorjahren deutlich anstiegen, dass jedoch vom Pariser Gericht nicht auf das gesamte Land zu schließen ist. Städtische Handwerker und Gewerbetreibende gehörten neben Geistlichen zu den am häufigsten Verurteilten. Ein Spitzelsystem versprach jedem Informanten, der einen Ketzer zur Anzeige brachte, ein Drittel von dessen konfisziertem Besitz.

Die Verfolgungen und Gerichtsverfahren stiegen nicht kontinuierlich und proportional zum Erstarken des Protestantismus an, sondern gingen zwischenzeitlich auch wieder zurück. Das hatte mehrere Gründe: etwa die Überlastung der Gerichte und Verwaltungen oder die Tatsache, dass der neue Glaube auch in den *parlements* über Unterstützer verfügte. Hinzu kam, dass die Protestanten immer dann Aufwind verspürten, wenn das Königtum Schwächen zeigte oder die Autorität des Monarchen in Frage stand: so in den Jahrzehnten nach dem Tod Franz' I.

Im Jahr 1559 starb König Heinrich II. plötzlich nach nur zwölf Regierungsjahren durch einen Turnierunfall. Mit der Thronbesteigung seines Nachfolgers, des fünfzehnjährigen Franz II. (1544–1560), begannen Kämpfe zwischen der einflussreichen erzkatholischen Familie der Guise und der Partei der Königsmutter Katharina von Medici, deren Ausgleichspolitik die Protestanten um Louis de Bourbon, Fürst von Condé (1530–1569), begünstigte. Die gescheiterte Verschwörung von Amboise im Frühjahr 1560 (der junge König sollte dabei von dem Einfluss seiner Verwandten des Hauses Guise befreit und unter die Kontrolle radikaler Protestanten gebracht werden) führte zu rund hundert Hinrichtungen und weiteren Todesopfern. Sie hätte möglicherweise auch dem Fürsten von Condé den Kopf gekostet, wäre nicht zuvor der König plötzlich verstorben und Katharina von Medici offiziell zur Regentin für ihren jüngeren Sohn Karl IX. ernannt worden, der zum Zeitpunkt seiner Thronbesteigung gerade elf Jahre alt war. In die Regierung Karls fällt das Januaredikt von Saint-Germain, von dem oben bereits die Rede war, und gleichzeitig die Angst der Guise und ihres katholischen Umfelds, Katharina könne offen Partei für die Protestanten ergreifen. Erst nach seinem Tod im Alter von 24 Jahren und mit der Thronübernahme Heinrichs III. (1551–1589) im Jahr 1574 konnte man wieder von einem erstarkenden Königtum sprechen.

Die Schwächephase der Monarchie fiel zusammen mit einer Verschärfung des konfessionspolitischen Zwists im Land. Nur wenige Wochen nach den Zugeständnissen an die Protestanten im Edikt von Saint-Germain brach im März 1562 ein Konflikt offen aus, der die Religionskriege einläutete: Truppen des Herzogs Franz von Guise (1519–1563) richteten im nordostfranzösischen Städtchen Vassy (heute: Wassy) ein – wie es von hugenottischer Seite hieß – «Massaker» unter einer Gruppe unbewaffneter, betender Protestanten an. Die Rede ist von rund fünfzig toten Zivilisten und zahlreichen Verletzten. Tatsächlich hatten sich die Hugenotten mit ihrer Versammlung über das Edikt von Saint-Germain hinweggesetzt und die katholischen Truppen offenbar gezielt provoziert. Der Zwischenfall wurde in der Publizistik entsprechend ausgeschlachtet. Er spielte den Radikalen beider Seiten in die Hände und führte dazu, dass sich bisher gemäßigte Politiker wie Condé und Gaspard de Coligny (1519–1572) an die Spitze der hugenottischen Kriegspartei setzten. Die reformierte Nationalsynode von Orléans installierte im April desselben Jahres Condé als Repräsentanten der reformierten Kirchen und machte ihn zugleich zum «Schützer und Verteidiger von Haus und Krone Frankreichs». Damit hatte ein Bürgerkrieg begonnen.

Kriege, Frieden, Widerstand

Kennzeichen der französischen Religionskriege ist es, dass häufig die Rahmenbedingungen und technische Aspekte der Kriegführung – Mobilisierung, Finanzierung, Infrastruktur – die königlich-katholische Seite davon abhielten, den Konflikt für sich zu entscheiden. Unbefriedigende Versuche zur dauerhaften Problemlösung in den zahlreichen Friedensedikten – von Amboise (1563) über Beaulieu (1576) bis Nantes (1598) – bildeten ihrerseits den Nährboden für die nächsten Zusammenstöße. Umgekehrt war gerade zu Beginn der Rückhalt für die protestantische Seite in der Bevölkerung enorm, wie sich an den Erfolgen der Hugenotten zeigt.

Von seiner Basis in Orléans aus konzentrierte sich Condés Kriegführung auf die notwendige Infrastruktur eines Zentralterritoriums und insbesondere auf Siedlungen entlang wichtiger Wasserwege wie Loire und Seine, Saône und Rhône. Städte wurden gewaltsam erobert oder liefen von sich aus zu den Protestanten über, Unruhen und Bilderstürme führten zu Verwüstung, Angst und Schrecken. Die Reaktionen der katholischen Seite ließen nicht lange auf sich warten. Als sich herausstellte, dass keine Seite den Krieg bald gewinnen würde, schloss man im März 1563 in Amboise ein Friedensabkommen, dessen Kompromisscharakter allerdings keine Partei zufriedenstellte und das damit den Weg in die nächsten Kriege wies.

Zunächst gelang es dem jungen Karl IX. auf Betreiben seiner Mutter, sich volljährig zu erklären und mit Hilfe einer ausgedehnten Reise durch die Provinzen die Widerstände der konservativen *parlements* gegen eine Friedensregelung zu brechen. Die persönliche Anwesenheit eines Monarchen und seines Hofes ist als wichtiger Teil frühneuzeitlicher Regierungspraxis zu verstehen. Festliche Einzüge, die Entgegennahme von Klagen und Bittschriften der Untertanen und manches mehr unterstrichen die Bedeutung des anwesenden Herrschers. Die *Tour de France* des Königs war zudem alles andere als unauffällig: Allein 10–15 000 Pferde und wohl ebenso viele Menschen begleiteten Karl auf seiner Reiseherrschaft, bis er 1566 nach mehr als zwei Jahren und 5000 Kilometern zurückgelegter Wegstrecke wieder nach Paris zurückkehrte. Der nächste Krieg stand schon bevor.

1567 waren es ungelöste Spannungen wie der Konflikt zwischen den Guise und Admiral Coligny, gepaart mit einer äußeren Provokation, die in den zweiten Religionskrieg führten. Den Anlass für die Protestanten bildete der Durchmarsch spanischer Truppen zur Beendigung des niederländischen Aufstands. Der

Verlauf des zweiten Krieges ähnelt dem des ersten; er endete ebenfalls mit einem Unentschieden. Doch werfen die Geschehnisse ein Schlaglicht darauf, dass sich nicht allein die Protestanten Frankreichs in diesen Jahren von katholischen Mächten bedroht fühlten.

Den Aufstand der reformierten niederländischen Provinzen gegen ihren habsburgischen Monarchen beobachtete man von Frankreich aus genau: aufgrund von bündnispolitischen Erwägungen, religiösem Mitgefühl und verwandtschaftlichen Beziehungen. Im Jahr 1568 wurde etwa ein Cousin Colignys aus dem niederländischen Adel in Brüssel hingerichtet. In den Niederlanden begleiteten schwer vorstellbare Grausamkeiten die Auseinandersetzung zwischen den Habsburgern und den Aufständischen; Berichte darüber drangen bis nach Frankreich vor.

In diesem aufgeheizten Klima entstanden auf breiter Front politisch-theologische Diskussionen um Monarchie und Gewissensfreiheit sowie über die Legitimität der Herrschaft eines von Gott eingesetzten Monarchen. Angesichts des regen Austauschs zwischen reformierten Gelehrten und Politikern in den Niederlanden, Frankreich, Genf oder Schottland, die sich allesamt mit ähnlichen Problemen konfrontiert sahen, ist es kein Zufall, dass sich vielerorts im Reformiertentum ein spezifisches Widerstandsdenken Bahn brach.

Unter den hugenottischen Beteiligten an diesen Diskussionen, den sogenannten «Monarchomachen», dominierte zunehmend ein monarchiekritischer, wenn nicht dezidiert anti-monarchischer Ton, der sich nach der Bartholomäusnacht noch verschärfen sollte. Der Jurist François Hotman (1524–1590) etwa publizierte seine *Francogallia* im Jahr 1573. Darin argumentierte er anhand historischer Beispiele, dass es sich bei Frankreich rechtmäßigerweise um eine Wahlmonarchie handeln müsse, in der die Stände den Monarchen zum Wohl des Volkes kontrollierten. Der Genfer Theologe Theodor Beza befürwortete 1574 gar einen Sturz des Monarchen, falls dieser dem Willen Gottes und der Christenheit zuwiderhandle. Und die anonyme, vermutlich auf den französisch-niederländischen Unterhändler Philippe Duplessis-Mornay (1549–1623) zurückgehende Schrift *Vindi-*

ciae contra tyrannos (1579) propagierte einen Bund zwischen Gott, dem König und seinen Untertanen, für dessen Aufrechterhaltung die adeligen Stände sorgen sollten. Eine Herrschaft des Volkes im Sinne moderner Demokratien wollte niemand, weil man so etwas für viel zu gefährlich hielt.

Gegenstimmen aus dem katholischen Lager ließen nicht lange auf sich warten. Jean Bodins (1529/30–1596) *Six livres de la république* (1576) verteidigten das sakrale Königtum und machten ihren Verfasser zu einem Vordenker des französischen Absolutismus. Jean Boucher (um 1548–1644) wiederum sollte einige Jahre später die Idee des Tyrannenmords auch im Denken radikaler Katholiken salonfähig machen.

Auch wenn die Debatten über die Rechtmäßigkeit von Aufständen bis hin zum Mord an einem tyrannischen Herrscher unter Frankreichs hugenottischen Gelehrten bereits ausgangs der sechziger Jahre einsetzten, verbanden sie sich in besonderem Maß mit einem Ereignis, das die Schrecken der Religionskriege wie kein anderes im kollektiven Gedächtnis der Nachwelt verankern sollte. Gemeint ist die sogenannte Bartholomäusnacht des Jahres 1572. Ihr war der nunmehr dritte Religionskrieg (1568–1570) vorangegangen, in dessen Verlauf die Hugenotten zwar schwere Verluste hinnehmen mussten (wie den Tod Condés), der aber dennoch nicht zu einer protestantischen Niederlage führte: Im Ergebnis hatten sie sich Gottesdienste innerhalb bestimmter Städte erkämpft und konnten im Südwesten vier Festungen ausbauen – darunter La Rochelle, das künftig zur inoffiziellen Hauptstadt der französischen Protestanten avancieren sollte. Auch eine folgenreiche gemischt-konfessionelle Heirat bahnte sich an: Katharina von Medici fädelte die Eheschließung ihrer Tochter Margarete (1553–1615) mit Heinrich (1553–1610) ein, dem reformierten König von Navarra und Sohn von Jeanne d'Albret. Selbst der bei den Katholiken verhasste Admiral Coligny schien am Hof rehabilitiert zu sein. Ziel war ein großes politisch-religiöses Friedensszenario, um einen zürnenden Gott mit den Menschen zu versöhnen. Doch die Friedenszeichen trogen: Die Katholiken im Land fühlten sich von einer großen hugenottischen Verschwörung bedroht. Gleichzeitig erschütterten zahllose Gewaltausbrüche die Bevölkerung in Paris und anderswo. Eine Eruption stand bevor.

Die Bartholomäusnacht

Was als Bartholomäusnacht in das Gedächtnis der Hugenotten und in die europäischen Geschichtsbücher einging, war eine Aneinanderreihung mehrerer Ereignisse, beginnend mit einem gescheiterten Attentat auf Coligny am 22. August 1572, vier Tage nach der Eheschließung zwischen dem reformierten Heinrich und der katholischen Margarete von Valois. Dem versuchten Mord folgte der tatsächliche Mord an Coligny und rund fünfzig führenden Hugenotten am frühen Morgen des Bartholomäustages, dem 24. August 1572, in Paris. Dreitägige blutige Ausschreitungen in der Hauptstadt sowie später in gut einem Dutzend weiterer Städte Frankreichs schlossen sich an. Die Unruhen dauerten bis in den Oktober hinein.

Wer trug die Schuld? Auf den ersten Blick scheint die Verantwortung eindeutig bei der katholischen Seite zu liegen. Für den Attentatsversuch vom 22. August, der die Dinge ins Rollen brachte, wurden in der Forschung die Königinmutter, daneben aber auch Angehörige des *parlement* von Paris oder die Familie Guise als Verantwortliche genannt. Wer von ihnen wirklich dahintersteckte, ist bis heute unklar; dass der Hof dabei eine Rolle spielte, ist unwahrscheinlich. Coligny fühlte sich jedenfalls sicher genug, um in der Stadt zu bleiben, und so kam es zur folgenschweren Mordnacht des 23./24. August. Während unter führenden Hugenotten noch eine angemessene Reaktion auf den Mordversuch an Coligny beraten wurde, kursierten bereits Gerüchte unter Katholiken, diese Reaktion würde den Mord an katholischen Protagonisten bedeuten. Dem kam – so die landläufige Vermutung – eine spontane Initiative der Königinmutter zuvor, die im Einklang mit König und Kronrat gleichsam «in Form eines chirurgischen Eingriffs» (D. Crouzet) die Exekution der Hugenottenführer anordnete und dafür die königliche Schweizergarde schickte. Coligny starb durch die Hand des Herzogs Heinrich von Guise (1550–1588), der sein Handeln angeblich mit dem Ausruf «Es geschieht auf Befehl des Königs» rechtfertigte. Er selbst hatte mit Coligny noch eine persönliche Rechnung offen, und zwar seit dem gewaltsamen Tod seines Vaters im Jahr 1563. Im Zuge der anschließenden Massaker in der Stadt wurde der Leichnam Colignys durch die Straßen geschleift, auf kaum vorstellbare Weise durch Kinder verstümmelt, angezündet und schließlich in der Seine versenkt: eine schaurig-parodistische Anhäufung zeitgenössischer Strafen, welche die aufgestachelte Bevölkerung an ihm vollzog.

Wenig spricht dafür, dass hinter den Massakern von 1572 eine umfassende Verschwörung des Hofes stand, genauso wie die katholischen Sorgen vor einer großen hugenottischen Konspiration im Vorfeld wohl in den Bereich zeitgenössisch geschürter Angst gehören. Die zahllosen Morde in den Tagen und Wochen, die sich an den Bartholomäustag anschlossen, wurden vorwiegend von Zivilisten an Zivilisten begangen. Immer deutlicher hat man inzwischen herausgearbeitet, welche Ängste am Werk waren, wie sie in eine weit verbreitete Pogromstimmung führten und welche inneren Logiken bei diesem Dahinschlachten wirkten. Diese Logiken unterschieden sich nur in geringem Maß von dem, was sich davor und danach in anderen französischen Städten abspielte. Die Gesellschaft sollte von Abweichungen gereinigt werden, Entehrungen sollten mit schlimmeren Entehrungen vergolten werden, Gottes Wille sollte erfüllt und weitere göttliche Strafen verhindert werden. Man entweihte heilige Gegenstände, um sie wieder ihrer «rechtmäßigen», nämlich profanen Bestimmung zuzuführen, man imitierte obrigkeitliche Gerichtsverfahren, man machte sich lustig über bestimmte Bräuche der anderen Seite und erniedrigte die Gegner, weil man für das eigene Handeln eine höhere, offizielle oder gar göttliche Legitimation beanspruchte. Dass nach Angaben der Zeitgenossen so viele Leichen in Flüssen landeten, hing daher nicht allein mit praktischen Erwägungen der Entsorgung zusammen: Um die Gesellschaft von Übeltätern zu reinigen, die der göttlichen Ordnung zuwidergehandelt hätten, war im 16. Jahrhundert das Versenken der Körper von Selbstmördern, Werwölfen und Wiedergängern aller Art in fließenden Gewässern üblich. Dass vor allem die Leichen von Protestanten in Flüssen landeten, war kein Zufall: Körper von Hugenotten, Wiedergängern vom Schlag eines spukenden Königs Hugo (siehe 1. Kapitel), wurden so der reinigenden Kraft des Wassers ausgesetzt, das im katholischen Ritus stärker mit Bedeutung besetzt war als bei Protestanten. Hugenotten scheinen demgegenüber eher zum Einsatz von Feuer geneigt zu haben, mit dem sie die Häuser ihrer Gegner in Brand setzten.

Für die Zeitgenossen war vor allem das Ausmaß des Mordens bemerkenswert, weniger die Abläufe selbst: Glaubt man Jean Crespins Märtyrerbuch, so hatte man bereits 1560 den Anführer der Verschwörung von Amboise nach seinem Tod geviertelt und seine Körperteile an den Ausfallstraßen ausgestellt, den Kopf auf eine Lanze gespießt. Auch in Amboise waren die Leichen der Aufrührer im Fluss versenkt worden. Nunmehr war es nicht mehr die Loire, die sich Zeitgenossen zufolge vom Blut der Protestanten rot färbte: Geradezu topisch ist anlässlich der Bartholomäusnacht das Bild der vielen Toten in der Seine, die noch an ihrem Unterlauf von den Massakern in der Residenzstadt kündeten.

Heute geht man von mindestens 3000 Todesopfern in den Provinzen und etwa 2000 in der Hauptstadt Paris aus, wo damals ungefähr eine Viertelmillion Menschen wohnte. Andere Untersuchungen setzen die Zahlen höher an, müssen aber mangels seriöser Datengrundlage ebenfalls mit Indizien argumentieren. Ohne Zweifel war das Ereignis für Zeitgenossen und spätere Generationen nahezu beispiellos. Das Geschehen erhielt einen prominenten Platz in der hugenottischen Märtyrergeschichtsschreibung: So liefert das zehnte Buch des *Livre des Martyrs* von Jean Crespin (posthum ergänzt durch Simon Goulart, 1543–1628) eine Übersicht der Toten in Paris und anderen Städten. Schon damals war man bemüht, das Grauen in konkreten Zahlen fassbar zu machen, die – je nach Quellengrundlage und politisch-religiöser Instrumentalisierungsabsicht – bis in den Bereich von Hunderttausenden gehen konnten.

Die Nachrichten über das Geschehen verbreiteten sich rasch im gelehrten und politischen Europa und führten – je nach Bekenntniszugehörigkeit – zu unterschiedlichen Reaktionen: Papst Gregor XIII. (1502–1585) führte eine Dankesprozession durch, er wollte eine Jubelfeier ausrufen und ließ eine Gedenkmünze prägen. Beim Genfer reformierten Theologen Theodor Beza dagegen ist die Rede von einem «Holocaust» (nach M. Garloff/ B. Steiner), dem er selbst mitsamt seinen Glaubensbrüdern anheimzufallen befürchtete.

Nach dem Blutrausch des Jahres 1572 war für die Hugenotten wenig wie zuvor. Zwar hatte man sie nicht ausgelöscht, wohl aber waren sie dezimiert. Erhebliche Verluste unter ihrer Anhängerschaft waren zu beklagen: nicht allein durch die Morde, die sie ihrer Führung beraubt hatten, sondern mehr noch durch die Angst vor einer großen katholischen Verschwörung, die viele Menschen veranlasste, zum alten Glauben zurückzukehren. Hugenottische Anhänger des Königs waren kaum noch vorhanden. Wer sich unter den Übriggebliebenen bislang als Verteidiger der Monarchie gegen schlechte katholische Einflüsse verstanden hatte, der stellte sich nun klar und deutlich gegen das Königtum. Die Ereignisse der Bartholomäusnacht hatten polarisiert wie nichts zuvor.

Immer stärker betrachteten sich die Hugenotten als kleines Grüppchen standhafter Märtyrer; die Bartholomäusnacht deuteten sie als göttliche Strafe. Gleichzeitig wurden die Töne derjenigen politischen Theoretiker lauter, die den offenen Widerstand gegen die Krone propagierten. Im Süden Frankreichs einigten sich die Hugenottenstädte auf eine gemeinsame republikanische Verfassung, inspiriert durch den Aufstand der nördlichen Niederlande gegen die Habsburger. Dass eine reformierte Hochburg wie La Rochelle die Herrschaft des französischen Königs offen ablehnte, führte 1573 in den vierten Religionskrieg und in eine Belagerung der Stadt, der abermals ein unbefriedigender Friedensschluss folgte. Darin wurden die Rechte zur Ausübung des reformierten Gottesdienstes gegenüber früheren Regelungen stark beschnitten. Ruhe und Frieden brachte dies naturgemäß nicht.

Die Internationalisierung der Religionskriege

Der Charakter der folgenden Kriege änderte sich: Sie wurden internationaler, ruinierten das Land und gestalteten sich für den König immer kostspieliger. Während der ersten Jahre der Herrschaft Heinrichs III. (Karl IX. war 1574 plötzlich verstorben) gelang es den Hugenotten, in Person des Herzogs Franz von Alençon-Anjou (1555–1584), den Thronerben und Bruder des regierenden Königs auf ihre Seite zu ziehen und eine große Armee des protestantischen Pfalzgrafen Johann Kasimir (1543–1592) zu ihrer Unterstützung ins Land zu holen. Mit derartigen Ressourcen konnte der König finanziell nicht mithalten. Obwohl der fünfte Religionskrieg ohne großes Blutvergießen auskam, endete er mit einer Verbesserung der Rechte für Angehörige des nun offiziell als *religion prétendue réformée* bezeichneten Bekenntnisses. Abgesehen von der Hauptstadt konnten nunmehr überall in Frankreich Gottesdienste stattfinden und reformierte Gotteshäuser gebaut werden. Kirche, Hof, das *parlement* von Paris und auch die überwiegend katholischen Generalstände opponierten jedoch entschieden gegen die neuen Regelungen. Zwar wurden auch auf altgläubiger Seite die Stimmen lauter, die sich angesichts der verheerenden Kriege für den religiösen Frieden aussprachen (unter ihnen der berühmte Gelehrte Jean Bodin), doch sollten sich abermals die Hardliner durchsetzen. Der kurze sechste Religionskrieg endete 1577 nach wenigen Monaten angesichts nahender englischer Truppen und aufgrund akuten königlichen Geldmangels. Und auch der noch kürzere, siebte Konflikt im Jahr 1580 beschränkte sich auf eine vergleichsweise regionale und insgesamt wenig signifikante Auseinandersetzung.

Anders der achte, letzte und blutigste Religionskrieg, auch bekannt als «Krieg der drei Heinriche». Nach dem Tod des königlichen Bruders und Thronfolgers Franz von Alençon-Anjou 1584 galt es für die katholische Partei, eine mögliche Thronfolge des Protestanten Heinrich von Navarra zu verhindern. Die Sorge, die französische Krone könnte in die Hände eines Ketzers fallen, brachte die «Liga» (*ligue*) hervor: eine katholische

Partei, die unter der Führung der Guise-Familie und dank der Unterstützung Philipps II. von Spanien (1527–1598) zu einer breiten Bewegung wurde und auch Einfluss über Heinrich III. erlangte. Getragen vom Streben nach spiritueller Erneuerung und geprägt von der Reformfrömmigkeit des Konzils von Trient, war die *ligue* mehr als nur eine katholische Kriegspartei. Im Unterschied zur hugenottischen Dominanz im Süden lag das Rückzugsgebiet ihrer Anhänger vor allem im Norden des Landes – mit Ausnahme von Toulouse.

Der Einfluss dieser Gruppierung auf die Geschicke Frankreichs stieg rasch: Im Lauf des Jahres 1585 verloren die Protestanten nahezu alle bisher erkämpften Rechte, und der Thronanwärter Heinrich von Navarra wurde durch den Papst exkommuniziert. Militärische Erfolge der katholischen Seite folgten. Drei Jahre später übernahm die *ligue* in einem unblutigen Staatsstreich die Regierung in Paris und zwang König und Hof zur Flucht. Heinrich III. hätte zur Marionette militanter Katholiken werden sollen. Dass es ihm gelang, Heinrich von Guise ermorden (und anschließend zerstückeln und verbrennen) zu lassen, half ihm wenig – es verschlechterte seine Lage nur. Denn nunmehr wurde der König selbst für abgesetzt erklärt. Seine Gegner bemühten dazu die gleichen Argumente (bis hin zum Tyrannenmord), die den Zeitgenossen aus der protestantischen Widerstandsliteratur der Monarchomachen wohlbekannt waren. Heinrich III. blieb als einziger Ausweg, ein Bündnis mit seinem gleichnamigen, protestantischen Schwager Heinrich von Navarra einzugehen. Kurz darauf, am 1. August 1589, wurde er von einem fanatischen Mönch ermordet. Von den drei Heinrichen (Guise, Valois, Navarra) war nur noch einer übrig.

Dass ausgerechnet der letzte verbliebene Heinrich als langjähriger Protestant zum nächsten französischen König werden sollte, erfüllte die Hugenotten zunächst mit einiger Hoffnung. Seinen «gefährlichen Sprung» (*saut périlleux*) zum Katholizismus in der Kathedrale von Saint-Denis am Jakobstag, dem 25. Juli, 1593 verbindet man gemeinhin auch mit dem Ausspruch, Paris sei eine Messe wert (*Paris vaut bien une messe*). Vermutlich ist ihm dieser Satz später von Gegnern untergeschoben worden. Die Konversion jedenfalls ermöglichte Heinrich von Navarra nun, als Heinrich IV. den Thron zu besteigen und das Land – nach weiteren Jahren von Krieg und Unruhe – fürs Erste zu befrieden. Zuvor war er noch aufgrund der Intervention Philipps II. von Spanien daran gescheitert, die Hauptstadt Paris nach langer Belagerung zu erobern. Der spanische Herrscher hatte es sich bald darauf allerdings mit führenden Mitgliedern der *ligue* verscherzt, insbesondere aufgrund seiner dezidierten Vorstellungen zur französischen Thronfolge und zu einer Heiratsallianz der französischen Krone mit den spanischen Habsburgern. Diese Internationalisierung der französischen Politik war angesichts des habsburgisch-französischen Gegensatzes alles andere als konsensfähig.

Ob Heinrichs Entscheidung zur Konversion – es war die dritte im Lauf seines Lebens – von weltlichen oder spirituellen Motiven geleitet war, ist nicht nachzuvollziehen. Sein politisches Ziel war jedenfalls die Einheit von Königtum und Glauben. Eine breite Welle der Unterstützung trug den neuen König, der nun alle rechtlichen und konfessionellen Voraussetzungen für sein Amt erfüllte. Am 27. Februar 1594 ließ Heinrich sich in Chartres krönen – nicht in der traditionellen Krönungsstadt Reims, die sich noch in den Händen der *ligue* befand (ebenso wie das heilige Salböl, so dass man sich aus Tours einen Ersatz besorgte).

Heinrichs Politik der nächsten Jahre enthielt Friedensangebote an alle Seiten – an die Ligisten wie an die Hugenotten, die sich inzwischen auch politisch in nationalen Versammlungen organisiert hatten. Angesichts seines Übertritts schlug ihm jedoch aus beiden Lagern großes Misstrauen entgegen. Der triumphale Einzug des Königs in Paris diente genauso der Versöhnung wie letztlich der Kampf gegen eine Invasion aus Spanien, bei dem nunmehr Protestanten und Katholiken Seite an Seite gegen einen äußeren Feind standen. Verbunden wird die Regierung Heinrichs aus der Perspektive der Hugenotten allerdings mit dem Edikt von Nantes, das den achten Religionskrieg Frankreichs beendete.

Das Edikt von Nantes

Das berühmte Edikt vom 13. April 1598 ist in der Rückschau oft positiv verklärt worden. Tatsächlich bedeutete es keinen Sieg der Toleranz und Multikonfessionalität; ebenso wenig schrieb es den Primat der Politik über den religiösen Bereich fest. Schon gar nicht ist es ein Beleg für die Entstehung moderner Freiheitsrechte, sondern – ganz im Sinne seiner Zeit – eine temporäre Festschreibung religiöser Koexistenz auf dem Weg zur Monokonfessionalität im französischen Königreich: Wenngleich Gott dem Land momentan «noch nicht gestattet [habe], in ein und derselben Religion zu leben» (*s'il ne luy a pleu permettre que ce soit pour encore en une mesme forme et religion*; Präambel), so lag doch genau in einer künftigen Glaubenseinheit das Ziel der Krone. Seinen diesbezüglichen Provisoriumscharakter hat das Edikt mit Vorläufern wie dem Edikt von Saint-Germain gemeinsam, aber auch mit zeitgenössischen Grundsatzdokumenten aus dem benachbarten Römisch-Deutschen Reich: Sowohl der Augsburger Religionsfriede als auch die Westfälischen Friedensschlüsse beanspruchten ausdrücklich nur vorübergehende Gültigkeit, bis der Religionsstreit zugunsten einer Rückkehr unter das Dach der einen Kirche gelöst sei.

Inhaltlich orientierte sich das Edikt teils an verschiedenen Vorläufern, die den Hugenotten bereits weitreichende Rechte der Glaubensausübung eingeräumt hatten. Nunmehr konnten sie frei ihren Glauben praktizieren, öffentlich allerdings nur in den Städten und Gemeinwesen, die unter ihrer Kontrolle standen, sowie in den Residenzen von Adeligen. In diesem eng abgesteckten Rahmen durften sie Gotteshäuser erbauen, Ausbildungsstätten gründen und öffentliche Ämter ausüben. Neu besetzte, bikonfessionelle Kammern der *parlements* (die sogenannten *chambres mi-parties*) versprachen konfessionelle Parität in der Rechtsprechung. Geheimartikel gestatteten den Hugenotten ferner die Legalisierung ihrer synodalen Kirchenstruktur und außerdem einen Repräsentanten am königlichen Hof, der gewissermaßen die Funktion eines konfessionellen Gleichstellungsbeauftragten erfüllte. In einer Zusatzvereinbarung gestand die Krone den Hugenotten Zuschüsse für die Bezahlung ihres kirchlichen Personals zu und erlaubte ihnen in rund 80 Städten und Festungen die Einrichtung sogenannter Sicherheitsplätze mit eigenen Garnisonstruppen, zu deren finanziellem Unterhalt das Königshaus beitrug. Diese durchaus überraschend anmutende Regelung war das Ergebnis älterer Forderungen. Sie galt allerdings ausdrücklich nur für acht Jahre – ein politisches und kein kirchlich-religiöses Zugeständnis, das auf die Lösung mehrerer Probleme zielte, weil es nicht nur dem Sicherheitsbedürfnis der Hugenotten Rechnung trug, sondern auch die Demobilisierung ihrer Truppen unterstützte.

Von einer unumschränkten Gleichstellung der Hugenotten mit den Katholiken kann allerdings keine Rede sein: Zuallererst wurde nämlich der katholische Glaube im *gesamten* Königreich wiederhergestellt, und zwar auch dort, wo die Hugenotten seine Ausübung zuvor teils über Jahrzehnte unterbunden hatten wie in ihrer Hochburg La Rochelle. Hugenotten hatten katholische Feiertage anzuerkennen, ihre Druckerzeugnisse der Zensur vorzulegen und ansonsten die Gesetze des Landes zu achten, die – etwa im Bereich von Eheschließungen – immer zugleich auch die Gesetze der katholischen Kirche waren.

Inwiefern besitzt das Edikt nun einen Zäsurcharakter für die Geschichte der Hugenotten? Der König versuchte, einen Schlussstrich unter die Gräueltaten der Kriege zu ziehen und eine Politik des Vergessens (*oubliance*) einzuleiten. Als Toleranzedikt ist es jedoch schwerlich zu bezeichnen, ebenso wenig als Beginn einer dauerhaften Friedensperiode zwischen den Protestanten und der katholisch-monarchischen Seite. Zu einer Zäsur haben es vor allem spätere hugenottische Bewertungen im Licht des Edikts von Fontainebleau (1685) gemacht, als Frankreichs Protestanten ihre Errungenschaften wieder verlieren sollten. Bis dahin aber bedeutete das Edikt nicht mehr und nicht weniger als eine gewisse Rechtssicherheit und die verschriftlichte, obrigkeitlich zugestandene Anerkennung der hugenottischen Minderheit in Politik und katholisch dominierter Gesellschaft. Reformierte Gottesdienste konnten nun an immerhin etwa 700 Orten legal stattfinden. An der abwer-

tenden Bezeichnung «angeblich reformierte Religion» hielt
man gleichwohl fest.

Religiöse Kriege, soziale Erhebungen, europäische Perspektiven

Die französischen Religionskriege waren keineswegs eine rein
innerfranzösische Angelegenheit und weit mehr als nur «Bür-
gerkriege». Was schon für die französische Reformation gilt,
das trifft ähnlich auf die Religionskriege zu: Sie wirkten über
Frankreich hinaus, und Europa wirkte ins Land hinein. Die Ur-
sachen dafür waren dynastischer und militärstrategischer, aber
auch konfessionspolitischer Natur. So bemühte sich die katholische Seite anfangs um Unterstützung durch Spanien und den
Papst (Karl von Lothringen-Guise, 1524–1574, war immerhin
Kardinal und Teilnehmer am Konzil von Trient) und setzte
eidgenössische und deutsche Söldnertruppen ein. Dass Heinrich III. in seiner Funktion als polnisch-litauischer König die
französische Krone annahm, war nicht ohne Bedeutung für das
Zusammenleben von Katholiken und Protestanten in Polen, wo
Gewaltausbrüche wie die Bartholomäusnacht verhindert werden konnten. Die französischen Protestanten wiederum bemühten sich um Unterstützung aus England (gegen das Zugeständnis
einer Rückgabe des Hafens von Calais an Königin Elisabeth I.,
1533–1603). Auf der Insel fürchtete man allerdings eine Thronfolge Maria Stuarts (1542–1587), der Nichte des Kardinals von
Lothringen. Aus protestantischen Territorien des Reiches wie
der reformierten Kurpfalz kämpften regelmäßig große Armeen
an der Seite der Hugenotten in Frankreich. Deren Hochburg La
Rochelle versorgte sich während ihrer Belagerung 1573 über
das Meer mit Nachschub von außen, und der französische König brach die Belagerung der Stadt schließlich ab, weil er eine
englische Invasion fürchtete.

Seit dem dritten Religionskrieg verknüpfte sich das Schicksal
der Hugenotten immer enger mit den niederländischen Aufständischen, deren Anführer Wilhelm von Oranien (1533–1584)
ein Bündnis mit den Hugenotten anstrebte. Der in der Forschung

so bezeichnete Internationale Calvinismus, ein großes, imaginäres Netzwerk des theologischen, wirtschaftlichen und personellen Austauschs, der Fürsorge und Solidarität zwischen den reformierten Protestanten Europas – dieser Internationale Calvinismus zeigte im Kontext der religiösen Wirren in Frankreich sein kriegerisches Gesicht.

Gleichzeitig verliefen die politisch-militärischen Fronten in Frankreich wie im Rest Europas jedoch nicht allein entlang konfessioneller Linien: Der katholische Herzog Franz von Alençon-Anjou, ein Bruder Heinrichs III., wechselte für einige Zeit ins hugenottische Lager und war sogar als Ehemann der protestantischen Königin Elisabeth I. von England im Gespräch. Die niederländischen Aufständischen installierten ihn zudem kurzzeitig (und letztlich erfolglos) als Nachfolger ihres vormaligen Herrschers, des verhassten spanischen Habsburgerkönigs Philipp II. Insofern bestand in politischer Hinsicht eine bemerkenswerte Gemeinsamkeit zwischen dem Königshaus und den Protestanten Frankreichs: Es galt, die Vormachtstellung der Habsburger in Europa zu brechen, an der weder der katholischen Seite noch den Hugenotten gelegen sein konnte. Daran änderte auch die Unterstützung der katholischen *ligue* durch die spanischen Habsburger im achten Religionskrieg nichts Grundlegendes.

Inwiefern aber ging es in den französischen Religionskriegen denn überhaupt um Religion? Ähnlich wie im Fall eines anderen großen Konflikts der Zeit, des Dreißigjährigen Kriegs, ist auch bei den Religionskriegen vermutet worden, dass der Glaube hier oftmals nur als Vorwand diente, um politische Interessen durchzusetzen. Der Zeitgenosse Michel de Montaigne (1533–1592) äußerte denn auch etwas spöttisch, es sei kaum jemand zu finden, der aus religiösem Eifer zur Armee gegangen sei (Essais, 2,12). Angesichts der vielfältigen sozialen und kulturellen Implikationen des Religiösen, wie sie mit der Etablierung des Protestantismus in Frankreich einhergingen und im letzten Kapitel geschildert wurden, steckt aber sicher mehr hinter den Auseinandersetzungen als nur das politische Kalkül einiger Interessengruppen aus Dynastie und Adel. Und dies gilt nicht al-

lein für den spirituellen Bereich: Zweifellos vermischten sich in
Teilen der Bevölkerung religiöse Forderungen mit dem Wunsch
nach Wiederherstellung einer althergebrachten Ordnung oder
gar nach sozialen und politischen Reformen. Darauf hat man
zurückgeführt, dass sich der Protestantismus insbesondere in
Südfrankreich ausbreitete, wo die Reformation sich mit einem
regionalen Streben nach Eigenständigkeit, dem Kampf gegen
ausbeuterische Grundherren und dem Wunsch nach weniger finanziellen und administrativen Eingriffen der Zentrale verband.
Aus einer ähnlichen Gemengelage religiöser und sozio-ökono-
mischer Faktoren ist etwa auch der deutsche Bauernkrieg erklärt worden.

Zwischen alltäglicher Koexistenz, passiver Duldung und aktiver Gewalt lagen unterschiedliche Möglichkeiten. Eine davon
war die Nutzung des vorhandenen Rechtssystems, und es ist
auffällig, dass nicht nur die königlichen Behörden, sondern die
Hugenotten selbst häufig den Rechtsweg einschlugen, den die
Krone Frankreichs ihnen bot. Dies spricht gegen die Annahme
einer grundlegenden Opposition zwischen katholischem Königtum und protestantischer Minderheit. Man kann jedoch wohl
auch nicht von einem klaren Prozess der «Verrechtlichung»
(W. Schulze) religiös-sozialer oder politischer Konflikte sprechen, denn Krieg und lokale Gewaltausbrüche schlossen gleich-
zeitiges juristisches Verhandeln nicht prinzipiell aus. Außerdem
lassen sich die Revolten in der Dauphiné und andernorts im
südlichen Frankreich vor allem in den siebziger Jahren des
16. Jahrhunderts nicht allein als Ausbruch schwelender konfes-
sionell-sozialer Gegensätze deuten, sondern waren ihrerseits
auch eine Reaktion auf die Folgen der langen Kriegsjahre und
der wirtschaftlichen Belastung der Bevölkerung. Analog dazu
kam es in den neunziger Jahren vielerorts zu Aufständen der
Landbevölkerung, die sich gegen plündernde und marodierende
Truppen aller Lager zur Wehr setzte – auch dies war kein Aus-
löser von Krieg, sondern eher sein Resultat. Nicht immer waren
hier die konfessionellen Fronten eindeutig und deckungsgleich
mit denen der Kriegsparteien. Im Süden Frankreichs hat es Bau-
ernaufstände gegeben, die offensichtlich von Angehörigen bei-

der Bekenntnisse oder maßgeblich von Katholiken getragen waren: Erst nachträglich wurden sie zu protestantischem Aufruhr stilisiert.

Ohne die Anziehungskraft des neuen Glaubens bei hohen Adeligen und in hofnahen Kreisen bis zur königlichen Familie wäre es für die Monarchie wohl sehr viel leichter gewesen, einen Aufstand aus dem Volk ein für alle Mal niederzuschlagen. Hohe Adelige standen an der Spitze der Bewegung, sie waren Fürsprecher der Protestanten und sie trugen dazu bei, dass sich in den sechziger Jahren rasch eine militärisch-politische Partei formte. Dies gilt insbesondere für Jeanne d'Albret, die Tochter Margaretes von Navarra, und ihren Schwager Condé, der zum militärischen Anführer der hugenottischen Kriegspartei aufstieg. Hochadelige Unterstützung der protestantischen Anliegen ging allerdings nicht nur vom Südwesten des Landes aus, sondern auch von der Normandie, wo der Admiral Gaspard de Coligny begütert war. Die Kriege verknüpften Peripherie und Zentrum, sie erfassten Landbewohner, städtische Schichten und Adelige gleichermaßen.

Zweifellos haben die Religionskriege die folgende Entwicklung Frankreichs und Europas nachhaltig geprägt, doch mehr noch prägten sie die Geschicke der französischen Protestanten: Die Etablierung des Begriffs «Hugenotten» geht auf die Religionskriege zurück, und das Wort «Massaker» fand durch die Nachrichten über die Bartholomäusnacht Eingang in unterschiedliche Sprachen Europas. Das Problem legitimen Widerstands und die Frage nach der Rechtmäßigkeit eines Königs von Gottes Gnaden, der dem Wohl seiner Untertanen zuwiderhandelt, waren fortan aus den politischen Diskussionen nicht mehr wegzudenken.

4. Eine europäische Minderheit: Hugenotten im 17. Jahrhundert

Am 14. Mai 1610 erstach ein Katholik den in seiner Kutsche sitzenden König Heinrich IV. Zuvor hatte man bereits dreiundzwanzig Mal versucht, ihn gewaltsam vom Leben zum Tod zu befördern. Was folgte, waren Verdächtigungen und Schuldzuweisungen, die Verurteilung und grausame Hinrichtung des Mörders und längerfristig eine Verschlechterung der politisch-gesellschaftlichen Stimmungslage.

Im französischen Königshaus schien sich zunächst die Geschichte zu wiederholen: Nach dem Tod Heinrichs übernahm seine Witwe Maria von Medici (1575–1642) die Regierungsgeschäfte für den achtjährigen Thronfolger Ludwig XIII. (1601–1643). Manch ein Zeitgenosse fühlte sich an die Situation fünfzig Jahre zuvor erinnert, als eine Regentin für ihren minderjährigen Sohn die Geschicke des Königreichs in den Krieg lenkte. Diese Sorgen sollten sich zwar vorerst als unbegründet herausstellen. Die katholische Seite verlor jedoch das Ziel einer konfessionellen Rückeroberung nicht aus den Augen: Die Hugenotten reagierten darauf mit Strategien der Stabilisierung, Konsolidierung und Abgrenzung, und sie streckten ihre Fühler nach Europa aus. Dies ist der Inhalt des vorliegenden Kapitels.

Konsolidierung: Die Hugenotten unter dem Edikt von Nantes

Für die Protestanten Frankreichs war mit dem Edikt von Nantes kein Goldenes Zeitalter angebrochen: auch wenn die unmittelbar folgenden Jahre in der Rückschau, vor allem nach dem plötzlichen Tod Heinrichs, von manchen Hugenotten zu einem Höhepunkt von Freiheit und Koexistenz verklärt wurden – zu einem Zeitalter des Baus hugenottischer *temples*, des friedlichen

Zusammenlebens, der Wertschätzung durch den König. Vor Ort
dagegen, in den *parlements* und den Stadträten, bei Katholiken
genau wie auf protestantischer Seite, stießen die Regelungen
von Nantes auf wenig Gegenliebe. Das *parlement* von Rouen
etwa brauchte zehn Jahre, bis es sich zur Ratifizierung durch-
ringen konnte. Die bikonfessionellen *chambres mi-parties* ent-
puppten sich vielerorts als Papiertiger, entweder weil sie gar
nicht eingerichtet wurden oder weil es ihnen an der paritätischen
Besetzung fehlte und an Durchsetzungskraft mangelte.

In der Binnenperspektive der protestantischen Gemeinschaft
standen die Jahre zwischen 1698 und dem plötzlichen Tod Heinrichs IV. gleichwohl im Zeichen einer gewissen Konsolidierung.
Dazu trugen die nationalen politischen Versammlungen der Hugenotten bei, die zwischen 1601 und 1622 in regelmäßigen Abständen tagten. Zwei Abgesandte der hugenottischen *assemblées*
gewährleisteten einen Austausch mit dem König und präsentierten ihm anfallende Beschwerden. Die politischen Versammlungen dominierte allerdings eine Adelsfraktion, die selbst unter
der Teilnehmerschaft nicht unumstritten war.

Auf den kirchlichen Synoden bemühten sich die Hugenotten
darum, ihre theologische Identität zu schärfen – auf Kosten ab-
weichender Positionen. So verabschiedete die Synode von Gap
1603 eine besonders scharfe Abgrenzung gegenüber dem Katholizismus und erklärte den Papst explizit zum Antichristen.
Was folgte, waren Konversionen protestantischer Adeliger zur
katholischen Konkurrenz. Manchen diente dabei der Übertritt
Heinrichs IV. als Vorbild, andere scheinen aus dynastischen
Gründen oder Karrierehoffnungen in Politik und Militär das
Bekenntnis gewechselt zu haben – innere Glaubensüberzeugun-
gen sind im Nachhinein schwer nachweisbar. Von einem großen
öffentlichen Echo begleitet war die Konversion des alternden
Militärs François de Bonne, Herzog von Lesdiguières (1543–
1626) im Jahr 1622. Durch Bekenntniswechsel, Aussterben und
Emigration sollte sich gerade der protestantische Adel im Lauf
des 17. Jahrhunderts immer stärker ausdünnen. Interessanter-
weise scheint es sich bei den Übertritten zum Katholizismus jedoch um einen europäischen Trend gehandelt zu haben, der auf

ein Erstarken der Königshöfe und auf frühabsolutistische Strukturen hindeutet.

Keineswegs jedoch ist in den ersten Jahrzehnten des 17. Jahrhunderts von zwei konfessionellen Blöcken auszugehen, die einander unversöhnlich gegenüberstanden. Was das alltägliche Zusammenleben von Katholiken und Protestanten in Frankreich betrifft, so findet man zwar einige Beispiele für Normüberschreitungen, lokale Ausbrüche von Gewalt und Verschwörungsängste auf beiden Seiten. Gleichwohl verzeichnen die Protokolle lokaler Visitationen immer wieder auch Spielräume und Kooperationen zwischen den Lagern: An unterschiedlichen Orten existierten Simultankirchen, die von Katholiken und Hugenotten gleichermaßen genutzt wurden, anderswo teilte man sich die Kirchenglocken, man zog Taufpaten des jeweils anderen Bekenntnisses heran (und Protestanten suchten sich, als dies seit den vierziger Jahren offiziell verboten war, katholische Strohleute aus dem lokalen Umfeld), man machte weiterhin Geschäfte und verkehrte freundschaftlich miteinander. Zweifellos sollten sich die Fronten zwischen den Lagern im Lauf des 17. Jahrhunderts verhärten, bedingt durch obrigkeitliche Gesetze und binnenkonfessionelle Kohärenzerzeugung. Doch in der Alltagspraxis bestanden durchaus Ähnlichkeiten zwischen dem 16. und dem 17. Jahrhundert – was angesichts der Rhythmen des Lebens im großteils ländlich geprägten vormodernen Frankreich nicht allzu verwunderlich ist.

Auf europäischer Bühne waren konfessionelle Lager ohnehin durchlässig. Hier sah sich der französische König einem katholischen Hauptfeind gegenüber: den Habsburgern in Spanien und im Römisch-Deutschen Reich. Der König bemühte sich um Bündnisse und Kooperationen mit deren Gegnern, selbst wenn es sich dabei um Protestanten handelte. So unterstützte Heinrich IV. zunächst die reformierten Niederlande, um anschließend im Jahr 1609 als europäischer Friedensstifter eine Waffenruhe zwischen den Generalstaaten und Spanien zu vermitteln. Ebenso zog er die Fäden, als sich die evangelischen Stände des Römisch-Deutschen Reichs zur sogenannten Union formierten und damit den verhängnisvollen Weg in den Dreißigjährigen

Krieg einschlugen. Seit Beginn dieses Konflikts kooperierte sein Nachfolger Ludwig XIII. mit den Protestanten in den Alpentälern Graubündens und Veltlins rund um den «Freiheitskämpfer» Georg Jenatsch (1596–1639), weil dies die militärischen Nachschubwege der Habsburger zwischen Süd- und Nordeuropa störte. Wenn es um Frankreichs europäisches Engagement ging, dann verwischten sich die konfessionellen Fronten zusehends.

Auch unter politischen Akteuren wie den Diplomaten, die häufig zur gelehrten Elite gehörten, kann man kaum von völlig getrennten Bekenntnisgruppen sprechen. Eindrucksvoll war das Korrespondentennetzwerk des Gesandten Jacques Bongars (1554–1612), das bis weit nach Nord- und Osteuropa reichte. Zwei seiner Bekannten zählte man zu den klügsten Köpfen Europas: die hugenottischen Philologen Joseph Justus Scaliger (1540–1609) und Isaac Casaubon (1559–1614). Beide sollten Frankreich angesichts des steigenden religiösen Drucks verlassen (Scaliger ging in die Niederlande, Casaubon nach England). Isaac de La Peyrère (um 1596–1676) hielt sich zeitweilig gemeinsam mit anderen Franzosen – darunter der katholische Philosoph René Descartes (1596–1650) – am schwedischen Hof der Königin Christina (1626–1689) auf. Dort diskutierte man aktuelle Themen der Zeit, etwa die europäische Expansion in die Neue Welt oder die Abstammung amerikanischer Ureinwohner. Kenner alter Sprachen und Kulturen hatten dazu manches beizutragen und lösten gelegentlich veritable Skandale aus – wie La Peyrère mit seiner These von einer menschlichen Existenz vor Adam. Historisch-philologisches Wissen diente (nicht nur) hugenottischen Gelehrten als Leitlinie für die Gegenwart. Ihre Mobilität und ihr intellektueller Horizont lassen vermuten, dass konfessionelle Einschränkungen den gelehrten Austausch nur wenig beeinträchtigten.

Pluralität: Die theologische Kultur der Hugenotten

Was für die Philologie der Hugenotten gilt, das trifft in ähnlicher Form auch für die protestantische Theologie dieser Jahre zu: europäische Kontakte, konfessionsübergreifender Dialog, ohne jedoch die Schärfung eigener Bekenntnisgrundlagen aus den Augen zu verlieren. Die Basis theologischer Diskussionen unter Hugenotten war eine genaue Kenntnis der kirchlich-religiösen Vergangenheit: namentlich der Bibel und des antiken Christentums einschließlich der entsprechenden Sprachen. Die Studien des hebräischen Bibeltextes, wie sie der Theologe und Philologe Louis Cappel (1585–1658) betrieb, bereiteten den Boden für eine Textkritik der Heiligen Schrift, auch wenn sie unter den Zeitgenossen hoch umstritten waren.

Cappel wirkte an der hugenottischen Akademie des kleinen Städtchens Saumur an der Loire, dem wohl innovativsten und zugleich unruhigsten intellektuellen Zentrum hugenottischer Theologie. Saumur war eine von insgesamt acht höheren reformierten Bildungsanstalten Frankreichs, die um die Wende zum 17. Jahrhundert entstanden waren. 1598 hatte die hugenottische Synode von Montpellier die Finanzierung von vier gelehrten Akademien beschlossen (Saumur, Montauban, Nîmes und Montpellier), vor allem um die Ausbildung des eigenen geistlichen Nachwuchses sicherzustellen. Die Akademie von Saumur entwickelte sich rasch zu einem internationalen Anziehungspunkt für reformierte Gelehrte aus unterschiedlichen europäischen Ländern. Gemeinsam mit den Akademien in Montauban und Sedan existierte sie bis ins Jahr 1685 – alle anderen Anstalten waren bereits in den Jahrzehnten zuvor geschlossen worden.

In theologischer Hinsicht wiesen die Akademien ein breites Spektrum zeitgenössischer Ansichten auf. Dies unterstreicht die Vielgestalt des französischen Protestantismus, der sich auch durch Synoden nicht immer auf eine einzige, klare Linie bringen ließ. Tendenziell standen die Akademien im Süden des Landes nicht allein geographisch, sondern auch inhaltlich näher an der Genfer Linie eines konservativen Calvinismus (mit Ausnahme von Montauban). Demgegenüber entwickelten sich Saumur und Sedan im Norden eher zu Orten moderateren Denkens und royalistischer Politik. Geradezu experimentell mutete manchen Zeitgenossen die Tatsache an, dass man sich in Saumur früh von der dominierenden Philosophie eines Aristoteles abgrenzte und das Lehrsystem des Petrus Ramus (1515–1572) übernahm – eines hugenottischen Gelehrten, der in der Bartholomäusnacht sein Leben verloren hatte. Jahrzehnte später diskutierte der Theologe Claude Pajon (1626–1685) in Saumur erstmals die Philosophie von René Descartes. Bedenkt man, dass Pajons Schüler – darunter Jacques Lenfant (1661–1728) oder Jean Le Clerc (1657–1736) – bedeutende Rollen innerhalb der Gelehrsamkeit des späteren *Refuge* einnehmen sollten, so weist die hugenottische Gelehrtenkultur Saumurs im 17. Jahrhundert bereits den Weg in einen theologisch fundierten Rationalismus der Aufklärungsepoche – freilich immer begleitet von konservativen Stimmen aus dem eigenen Lager.

Der entscheidende Beitrag Saumurs zur hugenottischen Kultur war eine Liberalisierung der reformierten Theologie. Die zeitgenössischen Diskussionen mögen heute etwas spitzfindig anmuten, doch sie hatten weitreichende Folgen für das reformierte Bekenntnis. Im Unterschied zu einer strikten calvinistischen Prädestinationslehre formulierte der Saumurer Theologe Moyse Amyraut (1596–1664) die zumindest hypothetische Möglichkeit für alle Menschen, selbst dann noch zum Seelenheil zu gelangen, wenn sie nicht bereits vorab zum kleinen Häuflein der von Gott Auserwählten gehörten. Dafür müssten sie Christus aktiv annehmen, denn Christus sei für alle Menschen gestorben. Dem stand allerdings das ältere, strenge Verständnis von einer göttlichen Vorherbestimmung weniger Auserwählter entgegen (alle anderen gehörten demnach zu den Verworfenen), was Gott bereits zur Zeit vor dem Sündenfall beschlossen habe. Eine solche Haltung vertraten Amyrauts Gegner Pierre du Moulin (1568–1658) sowie der an der Universität Leiden lehrende André Rivet (1572–1651) im Einklang mit Genfer und niederländischen Reformierten. Auf der internationalen reformierten Synode im niederländischen Dordrecht (1618/19) legte man sich nach langem Streit auf die Prädestinationslehre in ihrer strengen Variante fest – den Hugenotten war zuvor durch Ludwig XIII. die Teilnahme untersagt worden. Gleichwohl übernahmen auch sie auf ihrer Synode von Alès im Jahr 1620 die konservative Dordrechter Linie und machten alle anderen zu Außenseitern jenseits der orthodoxen Lehrmeinung. Liberalere Theologen wie Daniel Tilenus (1563–1633) verloren dadurch ihre Anstellungen.

Die Grabenkämpfe unter den Hugenotten änderten nichts daran, dass Amyrauts Theologie sich über Europa verbreitete. Sie fand Anhänger bei Reformierten in den Niederlanden, England, der Schweiz und Brandenburg-Preußen. Dies verlängerte die theologischen Konfliktlinien zwischen Saumurer «Universalisten» und Dordrechter «Partikularisten» bis ins 18. Jahrhundert und sollte noch unter den Hugenotten des *Refuge* eine Rolle spielen. Auffällig ist, dass theologische Initiativen zum Dialog mit Lutheranern oder gar zu einer möglichen Aussöhnung mit der katholischen Kirche häufig unter Beteiligung reformierter Universalisten stattfanden, deren Glaubensgrundlagen als anschlussfähiger an andere Bekenntnisse galten. Solche Versuche zur Versöhnung der Konfessionen wurden mehrfach unternommen – unter Rückgriff auf allgemein akzeptierte, urkirchliche Gemeinsamkeiten und teils auf die persönliche Initiative von Konvertiten (Paul Pellisson, 1624–1693) oder hochrangigen gallikanisch-katholischen Klerikern hin (Jacques-Bénigne Bossuet, 1627–1704). Keiner dieser Versuche führte indes zum Erfolg, was letztlich mit den politischen Rahmenbedingungen in Frankreich und Europa zusammenhing.

Die Zentrale gibt nicht auf:
Mission und innere Kolonisation

Betrachtet man die französische Konfessionspolitik in den Jahrzehnten nach dem Edikt von Nantes, dann deutet zwar manches auf den Beginn konfessioneller Koexistenz hin. Tatsächlich jedoch war dies nur die Ruhe vor dem nächsten Sturm. Am Ziel einer religiösen und staatlichen Homogenisierung hatte sich aus Sicht des Königshauses und seiner Regierung nämlich nichts geändert. Schon seit etwa 1610 hatten katholische Orden wie die Kapuziner mit Billigung der Krone damit begonnen, Missionare in den Süden des Landes zu schicken. Solche Missionen, wie sie bereits zuvor im alpinen Savoyen durchgeführt worden waren (unter Einsatz des späteren Bischofs Franz von Sales, 1567–1622), dienten nicht allein dazu, Anhänger der anderen Seite zurück zum wahren Glauben zu führen. Ihr Ziel war es auch, die konfessionelle Identität der eigenen Gruppe zu stärken, Mischverhältnisse zu verhindern, vermeintlich Wankelmütige zu disziplinieren und klare Grenzen zwischen Wahrheit und Ketzerei zu ziehen. Insofern richteten sich die Missionen ebenso sehr nach innen wie nach außen.

Bereits die Bemühungen Genfer Pastoren im Frankreich des 16. Jahrhunderts hatten missionarische Elemente aufgewiesen. In den Jahrzehnten nach dem Konzil von Trient (1545–1563) verstärkte die katholische Kirche entsprechende Initiativen. Jesuiten- oder Kapuzinermissionare sahen ihre Tätigkeit in Europa nicht als etwas grundsätzlich anderes an als die Evangelisationsarbeit außerhalb Europas. Mit Blick auf abtrünnige Gebiete etwa im Süden Frankreichs hieß es daher zeitgenössisch: «Euer Indien liegt hier» (M. Venard). Nach Ansicht der Missionare im Poitou waren die Hugenotten dort mittlerweile so sehr vom Christentum entfremdet, dass sie nicht einmal mehr wüssten, wie viele Götter existierten. Die Ordensbrüder ließen sich entweder schriftlich über Missionserfolge in Amerika und Asien informieren, um den dortigen Missionaren nachzueifern, oder sie betrachteten – wie der Kapuziner Père Joseph (1577–1638), der Begründer der Poitou-Mission – ihre Tätigkeit in Frankreich als Vorstufe und Vorbereitung einer weltweiten Evangelisierungsarbeit. Manch ein Missionar begann seine Tätigkeit bei den «Ketzern» in Europa, um anschließend in anderen Weltgegenden den Glauben seiner Kirche unter den «Heiden» zu verbreiten.

Im Poitou, wo Grundbesitzer wie der Herzog von Rohan (1579–1638), aber auch Land- und Stadtbewohner zum Großteil Hugenotten waren, zogen nunmehr asketische, in einfache Kutten gekleidete, charismatische Kapuzinermissionare barfuß durchs Land; sie organisierten Prozessionen, ließen Exorzismen durchführen, katechisierten und predigten, führten theatralisch inszenierte Vierzigstundengebete durch und lieferten sich öffentliche Debatten mit hugenottischen Geistlichen. Sie leisteten

Überzeugungsarbeit in Städten, Gemeinden und sogar innerhalb bikonfessioneller Familien und feierten Konversionen von
Protestanten zum alten Glauben. All dies geschah mit Billigung,
wenn nicht mit handfester Unterstützung durch die Krone. Flan-
kiert wurden die Missionsunternehmungen durch die Gründung
neuer Ordensgemeinschaften, durch Bruderschaften, karitative
Einrichtungen wie die des Vinzenz von Paul (1581–1660) – allesamt Initiativen, um eine katholische Barockfrömmigkeit in der
Bevölkerung zu implementieren. Wie viel Erfolg die Missionare
damit hatten, ist unklar, doch man kann wohl von einigen tausend Menschen ausgehen, die zum Katholizismus übertraten.
Weitere Konversionen kamen in Verbindung mit militärischem
Druck zustande. Oft waren auch bei königlich-katholischen Militäraktionen, Belagerungen und Truppeneinmärschen die Kapuziner mit vor Ort.

Trotz des Blutvergießens in den Religionskriegen und der von
Heinrich IV. verfolgten Politik des «Vergessens» gegenseitiger
Grausamkeiten flammten im 17. Jahrhundert auch die militärischen Auseinandersetzungen an der französischen Peripherie
wieder auf. Den Auftakt einer weiteren Kriegsdekade bildete
der Einmarsch Ludwigs XIII. in das kleine Pyrenäenterritorium
Béarn 1620, wo sich der Protestantismus dank der regierenden
Dynastie durchgesetzt hatte. Vorgeblich um eine lokale Rebel-
lion einzudämmen, wurde Béarn ins französische Territorium
inkorporiert und rasch katholisiert. Mit der Eroberung kehrten
binnen kurzer Zeit rund drei Fünftel aller Einwohner zum alten
Glauben zurück. Nunmehr fürchteten die Hugenotten Frankreichs, die nächsten zu sein. Und tatsächlich gelang es der Krone
ohne allzu große Widerstände bis 1622, rund die Hälfte der hugenottischen Sicherheitsplätze und deren Garnisonen zu über-
nehmen, die ihnen einst – befristet – zugestanden worden waren.
Während die militärische Führung der Hugenotten in den Händen des Herzogs Heinrich von Rohan lag, profilierte sich auf der
anderen Seite bald der Kardinal Armand Jean du Plessis, Herzog
von Richelieu (1585–1642), gegen die Hugenotten, der ab 1624
zum wichtigsten Berater des Königs wurde. Von den Religionskriegen und Reformen der katholischen Kirche geprägt, zielte

seine Politik darauf, Ketzer und Aufrührer in die Schranken zu weisen und alles, was auf einen hugenottischen Staat im Staat hindeutete, zu eliminieren. Die Vorstellung, im Namen und mit dem Willen Gottes die christliche Gemeinschaft gewaltsam von Ketzern zu reinigen, war aus der Zeit rund um die Bartholomäusnacht wohlbekannt – manch ein Hardliner ließ sich auch durch die religiöse Aufladung der böhmischen Schlacht am Weißen Berg inspirieren, die 1620 gleichsam als Showdown zwischen Katholiken und Protestanten inszeniert worden war.

In Frankreich geriet die Stadt La Rochelle einmal mehr zum Kristallisationspunkt hugenottischen Widerstands (nicht zuletzt dank englischer Hilfe) und zum politisch-konfessionellen Gegenpol der Monarchie. Eine Belagerung schien aus Sicht der Zentrale unvermeidlich. Die dabei angewandten Techniken waren eindrucksvoll – Richelieu hatte mit Hilfe italienischer Ingenieure eigens einen Damm (die *digue de Richelieu*) bauen lassen, der die Stadt vom offenen Meer und damit von jeglichem Nachschub abschnitt. Erst nachdem die englische Unterstützung über den Seeweg zusammengebrochen war, sorgten Hunger und materielle Not in kürzester Zeit für eine Dezimierung der Einwohnerschaft von 25000 auf etwa 5000–8000 Menschen. Die Stadt fiel nach einer vierzehnmonatigen Belagerung im Oktober 1628 in die Hände königlicher Truppen. Als Ludwig XIII. und Richelieu persönlich am Allerheiligentag in La Rochelle einzogen, fanden sie eine Geisterstadt vor. Über den Fall der Stadt wurde im ganzen protestantischen Europa in Wort und Bild berichtet. Drastische Gerüchte über Kannibalismus machten die Runde. La Rochelle fand sogar Eingang in die Tagebücher einfacher Menschen in der deutschen Provinz – allenthalben schien die Welt aus den Fugen geraten zu sein.

Anlässlich des Falls von La Rochelle sollte sich der Papst wieder einmal als Erster unter die Gratulanten einreihen. Der Eroberung der Hugenottenhochburg folgte die Niederschlagung der Unruhen im Süden und schließlich der Friedensschluss (auch: «Gnadenedikt») von Alès (1629). Damit verloren die Hugenotten ihre Militärgarnisonen, das System der *chambres mi-parties* wurde immer weiter ausgehöhlt, Gebetsversammlungen

ohne Geistliche wurden verboten und politische Versammlungen untersagt, kurz: die vorangegangenen Zugeständnisse an
die reformierte Minderheit wurden Zug um Zug eingeschränkt,
ohne jedoch grundsätzlich das Edikt von Nantes in Frage zu
stellen.

Trotzdem konnte sich der König in Zeiten der Krise auf den
verbliebenen hugenottischen Adel verlassen. Als nach dem Tod
Richelieus (1642) und Ludwigs XIII. (1643) der Aufstand der
Fronde ausbrach und zu einer ernsthaften Gefahr für den Fort-
bestand des Königtums wurde, standen viele Hugenotten an der
Seite ihres katholischen Monarchen. Auch im Finanzsystem des
Ministers Jean-Baptiste Colbert (1619–1683) spielten weiterhin
hugenottische Geldgeber eine wichtige Rolle. Selbst das besiegte
La Rochelle sollte bald nach seiner Eroberung wieder im Atlantikhandel mitmischen, der auch weiterhin von Hugenotten getragen wurde. Viele Spuren hugenottischer Kaufleute aus der
Region finden sich später in der Neuen Welt: So war John Jay
(1745–1829), dessen Vorfahren aus La Rochelle stammten, einer der Gründerväter der Vereinigten Staaten.

Die Schlinge zieht sich zu:
Hugenotten im Zeitalter des Sonnenkönigs

Mit Beginn der persönlichen Regierung Ludwigs XIV. im Jahr
1661 bahnte sich an, dass den Reformierten nunmehr auf eine
Weise das Leben erschwert werden sollte, wie dies seit dem
16. Jahrhundert nicht mehr der Fall gewesen war. Ähnlich wie
zur Zeit der Religionskriege wurden in den sechziger Jahren des
17. Jahrhunderts abermals königliche Kommissare in die Provinzen entsandt, freilich mit dem Unterschied, dass es nun nicht
mehr um das Aushandeln eines friedlichen Zusammenlebens
von Katholiken und Protestanten ging, sondern darum, alle hugenottischen Gemeinden auf deren strikte Einhaltung der Vorgaben des Edikts von Nantes zu überprüfen und vermeintlichen
Wildwuchs abzustellen. Nun wurden *temples* zerstört (rund die
Hälfte aller Gotteshäuser in der Dauphiné, aber etwa auch der
temple von Alençon in der Normandie, wo mit dem Geistlichen

Élie Benoist ein wichtiger späterer Chronist des *Refuge* tätig war); Zugänge zu öffentlichen Ämtern und Handwerkszünften wurden eingeschränkt, reformierte Schulen geschlossen, Möglichkeiten zur reformierten Taufe erschwert und katholische Feiertagsriten für verbindlich erklärt. Die bikonfessionellen *chambres mi-parties* stellten ihre Arbeit ein, und 1679 wurde auch die Pariser *Chambre de l'Edit* aufgelöst. Mit dem Jahr 1680 waren jegliche Übertritte von Katholiken zum reformierten Bekenntnis verboten und gemischtkonfessionelle Eheschließungen illegal geworden. Zuvor schon hatte man die Religionsmündigkeit von Kindern auf das Alter von sieben Jahren herabgesetzt. Kinder aus bereits bestehenden gemischtkonfessionellen Ehen mussten im katholischen Glauben erzogen werden und durften zum Katholizismus übertreten, wenn sie im Alter von mindestens sieben Jahren den Wunsch dazu äußerten. Konvertiten stellte man Vergünstigungen in Aussicht. Die Konfessionspolitik unter Ludwig XIV. changierte zwischen Zuckerbrot und Peitsche, ohne je das Ziel einer Katholisierung Frankreichs aus den Augen zu verlieren.

Wenngleich sich unter Ludwig XIV. die Rechte und Handlungsmöglichkeiten von Hugenotten immer stärker einschränkten, so verschaffte ihnen der Krieg Frankreichs gegen die Niederlande (1672–78) doch zumindest eine Atempause. Die protestantischen Sympathien lagen hier kaum überraschend aufseiten des reformierten Wilhelm III. von Oranien (1650–1702). Dies sollte bald im Kontext des *Refuge* einige Bedeutung erlangen, denn Zehntausende von Hugenotten entschieden sich für ein Exil in den Niederlanden bzw. in England, das Wilhelm III. von 1689 an gemeinsam mit seiner Gemahlin Maria II. Stuart (1662–1694) regierte.

Für Ludwig XIV. endete der Niederländische Krieg mit einem triumphalen Erfolg. Seit dem Frieden von Nimwegen 1678 galt er als *Louis le Grand*. Im Zeichen dieses royalen Selbstbewusstseins standen seine folgenden Annexionen ebenso wie der Umgang mit den protestantischen Untertanen. So verschob die sogenannte Reunionspolitik die konfessionellen Gewichtsverhältnisse Frankreichs deutlich: Mit der Arrondierung des Territoriums an der Ostgrenze durch die Eroberung der Reichsstädte des Elsass (1673/4) einschließlich Straßburgs (1681) grenzte Frankreich an den Rhein. Damit fanden sich plötzlich etwa 100 000, größtenteils lutherische Protestanten (neben den Mitgliedern jüdischer Gemeinden) als französische Untertanen wieder. Da das Edikt von Nantes hier ohnehin nie gegolten hatte, konnte es auch nicht widerrufen werden. Auch unter der Herrschaft Ludwigs XIV. waren die Elsässer Protestanten durch den Westfälischen Frieden geschützt, weshalb die Maßnahmen des Edikts von Fontainebleau (1685) sich nicht direkt auf das Gebiet um Straßburg auswirken sollten. Gleichzeitig unterstützte man allerdings die Immigration französischsprachiger Katholiken in die neugewonnenen Gebiete zum Zweck staatlich-konfessioneller Homogenisierung. In einer bikonfessionellen Stadt wie Colmar, wo eine lutherische Mehrheit traditionell über die lokale katholische Minderheit dominiert hatte, setzte Ludwig XIV. eine konfessionelle Parität in Verwaltung und Bevölkerung durch und initiierte ein Programm der Katholisierung, unter Zuhilfenahme altgläubiger Verwaltungseliten und des Kapuzinerordens. Lutherisches Leben wurde dadurch eingeschränkt, doch zum Erliegen kam es nicht.

Wann immer Frankreich in den europäischen Kriegen außenpolitisch nicht zu stark eingebunden war, kamen die Hugenotten an die Reihe. Ihre Verfolgung und Marginalisierung, die mit dem Edikt von Fontainebleau ihren Höhepunkt und formalen Abschluss erreichen sollte, fiel häufig in Perioden relativen Friedens: Dann konzentrierte sich die französische Politik auf eine Arrondierung und Homogenisierung im Inneren.

Bereits im Verlauf des 17. Jahrhunderts hatte die antihugenottische Stimmung im Umfeld des Königshauses zugenommen: Wichtige Angehörige des reformierten Hochadels waren konvertiert – teils bereits zu Lebzeiten Heinrichs IV. oder anlässlich des Falls von La Rochelle. Nach Beginn der Selbstherrschaft Ludwigs XIV. erfolgte 1668 der spektakuläre Übertritt des hochangesehenen Feldherrn Henri de la Tour d'Auvergne, Graf von Turenne (1611–1675). Politische und religiöse Erwägungen, die zu seinem Entschluss führten, lassen sich in der

Rückschau nicht voneinander trennen. Solche Konversionen öffentlicher Personen zum Katholizismus wurden unter Protestanten innerhalb und außerhalb Frankreichs mit großer Sorge verfolgt. Sie deuten darauf hin, dass sich die Karrierechancen und Heiratsmöglichkeiten hugenottischer Adeliger im Lauf des Jahrhunderts sukzessiv verschlechterten. Immer mehr Protestanten machten sich daher lange vor 1685 zu ihren Verwandten im Ausland auf und setzten ihre Karrieren in den Diensten anderer Fürsten fort. Einige reformierte Adelsfamilien waren gar in der Zwischenzeit ganz ausgestorben. Der Rückhalt im Adel, der bisher die Bewegung der Hugenotten zusammengehalten hatte, schwand zusehends. Und so kam es nicht nur, dass seit den sechziger Jahren die reformierte Einwohnerschaft in Stadt und Land den zunehmenden Repressionen immer schutzloser ausgesetzt war, sondern auch, dass sich aus der lokalen Bevölkerung heraus – im Verbund mit der Geistlichkeit – der Widerstand formierte, der in den Camisardenaufständen der Jahre nach 1700 gipfeln sollte. Denn gerade das einfache Volk wurde immer mehr zur Zielscheibe royaler Katholisierungsmaßnahmen.

Besonders schockierend – und vor allem durch entsprechende Berichte von *réfugiés* in grellen Farben gezeichnet – war die Praxis der sogenannten *dragonnades*. Dabei handelte es sich um ein teils angedrohtes, teils tatsächlich angewandtes System von Einquartierungen königlicher Truppen in den Städten, Vierteln und Häusern hugenottischer Familien. Dem englischen Philosophen John Locke (1632–1704), der Frankreich im Jahr 1678 bereiste, erzählte man, die über den Winter einquartierten Soldaten würden von den Familien vier bis fünf Mahlzeiten täglich verlangen, was wohl noch zu deren harmloseren Wünschen zählte (Locke, *Travels*, 229 f). Nach einzelnen lokalen Probeläufen wurden Dragonnaden seit etwa 1680 in größerem Maßstab als politisch-militärisches Druckmittel gegen Protestanten eingesetzt; wo immer sie stattfanden oder sich auch nur ankündigten, schnellten die Konversionszahlen massiv in die Höhe. Spätere Emigranten wie Élie Benoist, Jean Migault (1645–1707) oder Pierre Jurieu (1637–1713) beschrieben diese Methode und die allein mit ihrer Androhung verbundenen Ängste in drastischen Worten. Damit hatten sie zweifellos auch ein Lesepublikum im *Refuge* im Blick, vor dem sie ihre Flucht rechtfertigen mussten.

Fontainebleau 1685 und die Folgen

Die Dragonnaden waren Teil der Arrondierungspolitik Ludwigs XIV., die das Edikt von Nantes exakt nach seinen Paragraphen auslegte – oft zum Nachteil der Hugenotten. Sie lösten nicht nur Konversionen, sondern auch Emigrationen aus, auf die das folgende Kapitel näher eingeht. Und sie bereiteten das Edikt von Fontainebleau vom 18. Oktober 1685 vor, den Gipfelpunkt antihugenottischer Maßnahmen der Zentrale. Sein Text verkündete eingangs, dass nunmehr die Mehrheit der Reformierten zum alten Glauben zurückgekehrt sei. Dadurch sei die Rücknahme des Edikts von Nantes gerechtfertigt, das Verbot reformierter Glaubenspraktiken, die Zerstörung der verbliebenen *temples* und der Zwang zur Taufe aller Kinder durch katholische Priester. Reformierte Geistliche als Multiplikatoren des falschen Glaubens mussten innerhalb von zwei Wochen das Land verlassen, Laien dagegen war eine Emigration streng verboten. Wer trotzdem beim Versuch der Ausreise erwischt wurde, hatte mit harten Strafen zu rechnen, zu denen Gefängnishaft und Zwangsarbeit auf den Galeeren gehörten; Frauen drohte man mit der Einweisung in Klöster. Insofern zielte das Edikt von Fontainebleau nicht auf eine «Vertreibung» der Hugenotten. Vielmehr zwang es zum Bleiben und zur Konversion. Damit aber forcierte es – im Einklang mit den vielfältigen und massiven Zwangsmaßnahmen früherer Jahre – bei vielen tausend Reformierten die bewusste Entscheidung zur Emigration.

Auch wenn das Edikt in rechtlicher Hinsicht die Hugenotten nicht zur Auswanderung zwang, sondern sie zum Glaubenswechsel aufforderte, so schien sein letzter Abschnitt noch eine weitere Alternative zu bieten: Alle verbliebenen Angehörigen der *religion prétendue réformée* wurden darin nämlich aufgefordert, ruhig ihren Geschäften nachzugehen, ohne den reformierten Glauben zu praktizieren, bis auch sie von Gott erleuchtet würden. Mit viel gutem Willen ließ sich daraus das obrigkeitliche Zugeständnis einer privaten Glaubensausübung, einer sogenannten *devotio domestica*, herauslesen, wie sie unter bestimmten Umständen auch im benachbarten Römisch-Deutschen Reich nach 1648 möglich war. In der Forschung ist dieser zwölfte Artikel des Edikts allerdings eher als ein auf Beruhigung zielendes Lippenbekenntnis interpretiert worden.

Geht man von rund 150000 bis 200000 Menschen aus, die zur Zeit des Edikts von Fontainebleau den französischen Herrschaftsbereich verlassen haben, so bedeutet dies umgekehrt, dass etwa dreimal so viele Hugenotten sich dafür entschieden, im Land zu bleiben (oder dass für sie keine Möglichkeit zur Emigration bestand). Für die Zurückbleibenden erforderte das Leben in einem fremdkonfessionellen Umfeld unterschiedliche, teils bereits zuvor erprobte Strategien – von Pragmatismus über konfessionelle Verstellung bis hin zum versteckten oder gar offenen Widerstand.

Tatsächlich erlosch der französische Protestantismus im Gefolge des Edikts von Fontainebleau keineswegs. Wenn er sich nicht ins Exil verlagerte, wurde er jedoch zunehmend in den Untergrund gedrängt. In bestimmten Gebieten führte die Emigration wirtschaftlich potenter Hugenotten für die Zurückbleibenden zu spürbaren ökonomischen Schwierigkeiten. Manche Katholiken wie der Offizier und Ingenieur Sébastien le Prestre de Vauban (1633–1707) sahen denn auch den Verlust qualifizierter Hugenotten für Frankreich mit Sorge und betonten die Kosten, die diese Politik mit sich brachte.

Wo immer zuvor protestantisches Leben noch möglich gewesen war, verschwanden nunmehr die *temples* und jegliche hugenottische Infrastruktur aus dem öffentlichen Leben. Dies galt auch für den eindrucksvollsten aller Kirchenbauten in Charenton nahe Paris. Er hatte den Hugenotten der Hauptstadt als Gotteshaus gedient. Nachdem er bereits 1621 abgebrannt und bald wiederaufgebaut worden war, fasste er rund 4000 Gläubige und zog zahlreiche auswärtige Besucher an. Kurz nach dem Edikt von Fontainebleau wurde dieses architektonische

Symbol in einer ebenso symbolträchtigen Aktion zerstört und geschleift.

Was für die in Frankreich verbliebenen Protestanten folgte, war – in Anspielung an eine Bibelpassage (Offb 12,6) – die Kirche in der Wüste, das *désert*: ohne bestallte Geistliche, ohne Gemeinde- und Ausbildungsstrukturen, in der Illegalität, aber durchaus mit Kontakten zur Außenwelt. In gewisser Weise ähnelte die Situation im *désert* den Anfangsjahren des französischen Protestantismus um die Mitte des 16. Jahrhunderts. Leben, Sicherheit und Glaubensausübung beruhten auf clandestinen Verbindungen, auf Austauschbeziehungen am Rande der Legalität, auf Improvisation. Sie waren begleitet von Angst vor Entdeckung. Untergrundprotestanten ließen sich aus Exilgemeinden jenseits der Grenzen mit kleinformatig gedruckten Schriften zur Information und Erbauung versorgen, die durch Händler oder wandernde Geistliche vertrieben wurden: Der Theologe Pierre Jurieu redigierte zu diesem Zweck von Rotterdam aus die regelmäßig erscheinenden «Hirtenbriefe» (*Lettres pastorales*), die sich an die französischen Protestanten in ihrer «babylonischen Gefangenschaft» richteten. Pastoren konnten sich nur noch illegal in Frankreich aufhalten. Die Untergrundprotestanten des *désert* standen vor dem Problem, nach außen hin katholisch leben zu müssen. Bei manchen von ihnen führte dies zur nachvollziehbaren Überzeugung, Kinder lieber katholisch taufen zu lassen als gar nicht.

Insbesondere den neu Konvertierten brachten die katholischen Obrigkeiten ein gehöriges Maß an Misstrauen entgegen. Denn dass der Protestantismus im Untergrund weiter existierte, war ein offenes Geheimnis. Davon zeugen nicht allein die Gesetze und Verordnungen nach 1685, sondern auch die Strafmaßnahmen: Aus Sorge vor einer Revolte mussten alle Konvertierten ihre Waffen abgeben. Wie schon vereinzelt in früheren Jahrzehnten wurden Kinder ihren protestantischen Eltern entzogen und in katholischen Einrichtungen und Familien untergebracht. Diese Praxis der Umerziehung war in Europa allerdings kein Einzelfall. Besonders hart gingen die französischen Behörden gegen diejenigen vor, die man eines (erneuten) Abfalls vom katholischen Bekenntnis verdächtigte: Sogar Leichen wurden wieder ausgegraben und rituell bestraft, wenn sich der Verstorbene zuvor der letzten Ölung verweigert hatte.

Wichtig ist, dass sich die in Frankreich verbliebenen Protestanten keinesfalls überall stillschweigend in ihr Schicksal fügten. Sie bildeten weiterhin einen Machtfaktor mit hervorragenden Verbindungen über die Grenzen des Landes hinweg. Besonders deutlich wurde dies im Kontext des Camisardenkriegs, dessen Ursprünge auf ein bemerkenswertes Phänomen hindeuten. Ausgehend von Schriften hugenottischer Exilgeistlicher, aber auch von tranceartigen Visionen Einzelner, bildete sich in den Jahren nach 1685 im Languedoc eine prophetisch-inspirierte Bewegung. Manches an diesem Phänomen, das insbesondere von jungen Leuten beiderlei Geschlechts geprägt war, ähnelt radikalen Strömungen im mitteleuropäischen Pietismus. Die Anhänger waren vom bevorstehenden Ende der Zeiten, dem Sieg des wahren Glaubens und der Zerstörung der katholischen Kirche überzeugt; sie erhofften sich Unterstützung durch König Wilhelm III. von England. Viele von ihnen hatten schon aufgrund ihres bäuerlichen Hintergrundes weder die Absicht noch die Möglichkeit auszuwandern. Enttäuschte Hoffnungen auf eine Wiederherstellung des Protestantismus in Frankreich nach dem Friedensschluss von Rijswijk (1697) trugen zu einer Eskalation der Lage bei. In den schwer zugänglichen südfranzösischen Cevennen entwickelte sich zwischen 1702 und 1704 ein blutiger Guerillakrieg zwischen den *camisards* (benannt nach ihrem Erkennungszeichen, einem weißen Kittel), katholischen Verbänden und Regierungstruppen. Dieser «letzte französische Religionskrieg» (L. Laborie) verband sich auf diplomatischer Ebene mit dem internationalen Geschehen des Spanischen Erbfolgekriegs und konnte nur mit großer Mühe beendet werden.

Erst nach dem Tod Ludwigs XIV. begann sich der französische Protestantismus in der «Wüste» auf bescheidenem Niveau in seiner Illegalität einzurichten. Dies ist insbesondere dem Wirken des in der Schweiz ausgebildeten Geistlichen Antoine Court (1695–1760) zu verdanken. Court hatte sich in seiner Jugend vom gewaltsamen Widerstand der *camisards* losgesagt und andere Wege eingeschlagen: Er verfügte über Kontakte ins protestantische Europa und bemühte sich um die Reorganisation hugenottischer Kirchlichkeit vor Ort. Damit trug er dazu bei, dass sich der Protestantismus bis zur Anerkennung spezieller Bürgerrechte für Protestanten 1787 und zur Einführung bürgerlicher Religionsfreiheit in der Revolutionsverfassung von 1791 durchgängig, wenngleich als Nischenbekenntnis, in Frankreich erhalten konnte. Noch während der Französischen Revolution sollten einige Orte konfessionelle Unruhen erleben, was auf die Virulenz der Bekenntnisspaltung hindeutet.

Unter den veränderten Bedingungen in Frankreich, der drohenden Illegalität und dem Rückzug ins *désert*, entschieden sich viele Menschen zur Emigration. Doch Auswanderungen waren häufig keine spontanen Fluchten, sondern wollten wohl überlegt sein: Wer konnte, der reiste bereits vor 1685 mehrfach zwischen Frankreich und den Nachbarländern hin und her, um eine sichere Zuflucht für sich selbst und seine Familienangehörigen zu organisieren und um zu einem geeigneten Zeitpunkt seine Geschäfte am Heimatort in andere Hände zu legen. Häufig scheinen Verwandte bis zur erwarteten Rückkehr als Verwalter eingesprungen zu sein: so beim Buchhändler Jacob Etienne (1655–1732) aus Metz, der einen ausführlichen Emigrationsbericht hinterlassen hat. Reisende oder Rückkehrer, denen es nicht gelungen war, sich in der Fremde eine erfolgreiche Existenz aufzubauen, dienten den Protestanten des *désert* als Informanten.

Daraus ist ersichtlich, dass die Grenzen eines Flächenterritoriums wie Frankreich im 17. Jahrhundert niemals vollständig überwacht werden konnten: Grenzüberschreitungen erfolgten in beide Richtungen. Wenn allerdings Grenzverletzer, insbesondere Pfarrer, beim illegalen Übertritt erwischt wurden, konnten harte Strafen verhängt werden: Rund 1500 Personen sind auf französische Galeeren verbracht worden und, wenn sie nicht an den Haft- und Arbeitsbedingungen zugrunde gingen, durch Lobbyarbeit und Geldsammlungen hugenottischer Exilgemeinden freigekauft worden. Manch bewegende Selbstzeugnisse wie

der Bericht des Jean Marteilhe (1684–1777) geben Auskunft
über die Schrecken der Galeerenhaft; sie richten sich gleichzeitig
oft in agitatorischer Absicht an ein breiteres protestantisches
Publikum.

Landläufig geht man von einem ökonomischen Verlust Frankreichs durch die Verfolgung und Emigration der Hugenotten
aus, der gleichzeitig für die europäischen Aufnahmeländer einen Gewinn bedeutet habe. Weder der wirtschaftliche Schaden
für die französische Krone noch der mögliche Zugewinn in den
Aufnahmeländern sind jedoch exakt zu beziffern. Angesichts
der großen regionalen Unterschiede, des beschränkten statistischen Datenmaterials und der Notwendigkeit weiterer Mikro-
studien verbieten sich pauschale Urteile. Insgesamt aber sind
gegenüber den ökonomischen Folgen die politischen, publizisti-
schen und mentalen Auswirkungen der im Edikt von Fontainebleau kulminierenden Entwicklung keineswegs als gering einzuschätzen.

Das Edikt war dabei nicht der plötzliche Rückfall in finstere
Zeiten des Konfessionalismus, zu dem es gelegentlich stilisiert
worden ist. Vielmehr war es das logische Resultat der Politik eines erstarkenden französischen Königtums. Es stellte in gewisser Hinsicht nur den schriftlichen Nachvollzug obrigkeitlichen
Staatsbildungs- und konfessionellen Homogenisierungsstrebens
dar, das bereits lange vorher eingesetzt hatte und auch von Teilen der Bevölkerung unterstützt wurde. Jahre später würde Voltaire (1694–1778) dem Sonnenkönig ein Zitat in den Mund legen, das die Haltung der französischen Monarchen gegenüber
den Hugenotten zwischen Nantes und Fontainebleau illustrieren sollte: «Mein Großvater liebte die Hugenotten und fürchtete sie nicht; mein Vater liebte die Hugenotten überhaupt nicht,
doch er fürchtete sie; ich liebe sie weder, noch fürchte ich sie.»
(*Le Siècle de Louis XIV*, Kap. 26). Die Bedeutung der Hugenotten erlosch mit dem Edikt von Fontainebleau nicht – sie verlagerte sich um das Jahr 1685 nur weiter nach Europa und in die
Welt.

5. Franzosen in der Fremde:
Migration und *Refuge* in Mitteleuropa

Weder aus französischer Perspektive noch aus der Sicht des *Refuge* bedeutete das Edikt von Fontainebleau den klaren Bruch, zu dem es lange Zeit stilisiert worden ist. Dass es dem Sonnenkönig nicht gelungen ist, den Protestantismus innerhalb Frankreichs mit Stumpf und Stiel auszurotten, wurde bereits geschildert. Laut Voltaire lag der Erfolg des Edikts gar darin, dass es den französischen Protestantismus im Exil zu einer neuen, vielleicht nie dagewesenen Blüte führte. 1685 allerdings war der Widerruf des Edikts von Nantes im protestantischen Ausland rasch und einhellig verurteilt worden. Doch hatten Europas Protestanten bereits zuvor mit großer Sorge das Erstarken Ludwigs XIV. beobachtet. Nunmehr witterten manche eine große Verschwörung der Papstkirche, der es angeblich darum ging, die gesamte Reformation rückgängig zu machen. Hugenottische Autoren stimmten in diesen Chor mit ein.

Die Auswanderungen französischer Protestanten, die in den achtziger Jahren des 17. Jahrhunderts zu einem Massenphänomen wurden, konnten auf früheren Entwicklungen aufbauen: was die Migrationsformen betraf, die Ansiedlungsgebiete, die rechtlichen Bedingungen, die Lebensgestaltung vor Ort, aber auch den Austausch untereinander und mit der alten Heimat. Welche Kontinuitätslinien in frühere Zeiten bestanden, wie Migrationen abliefen und sich das *Refuge* der Hugenotten in Mitteleuropa gestaltete, welche Maßnahmen die Obrigkeiten ergriffen und wie sich hugenottische Identitäten ausformten, ist Gegenstand dieses Kapitels.

Vom Premier Refuge zum Grand Refuge

Reisende kehren meist an ihre Ausgangsorte zurück – dies unterscheidet sie von Migranten, die sich anderswo längerfristig oder dauerhaft ansiedeln. Der Entschluss zur Migration beruht – heute genau wie in der Vormoderne – häufig auf einem Bündel von Optionen und Abwägungsprozessen aller Beteiligten: der Gehenden, Bleibenden und Aufnehmenden.

Im hugenottischen *Refuge* vermischten sich Reisen und Migrationen: Erkundungsfahrten gingen Niederlassungen voraus, vorübergehende Ansiedlungen konnten zu permanenten Einwanderungen werden, wenn die politischen, sozialen, wirtschaftlichen und religiösen Rahmenbedingungen dies möglich oder notwendig machten. Weiter- und Rückwanderungen waren nicht ausgeschlossen. All dies ist typisch für das *Grand Refuge* der Hugenotten in den achtziger Jahren des 17. Jahrhunderts, aber es lässt sich bereits für seinen Vorläufer, das sogenannte *Premier Refuge*, im ausgehenden 16. Jahrhundert feststellen.

Wenn Protestanten zur Zeit der Religionskriege eine Migration oder Flucht über die französischen Grenzen in Erwägung zogen, dann suchten sie sich üblicherweise nicht abgelegene Überseegebiete, sondern näherliegende Zufluchtsorte, von denen man in Friedenszeiten problemlos wieder nach Hause zurückkehren konnte. Selten planten Emigranten eine Auswanderung für immer; eher ging es um ein «Ausweichen» auf Zeit, bis sich die Verhältnisse beruhigt hätten. Bereits seit den sechziger Jahren – und verstärkt durch die Ereignisse der Bartholomäusnacht – verließen mehrere tausend Hugenotten den Herrschaftsbereich ihres Königs, um in Nachbargebieten Schutz und Sicherheit zu suchen. Bevorzugte Ziele waren die unabhängigen Fürstentümer Sedan und Orange, die Reichsstadt Straßburg, besonders jedoch England, die Kurpfalz, die eidgenössischen Kantone Zürich und Bern und vor allem die Stadt Genf, wo man bereits auf jahrzehntelange Erfahrung als Zufluchtsort für Calvinisten zurückblicken konnte. Über obrigkeitliche Auswanderungsverbote, die in der Praxis kaum durchsetzbar waren, setzte man sich hinweg. Manche Menschen gingen mit ihren Fa-

milien mehrmals nacheinander ins Exil, nur um jeweils wenig
später wieder nach Frankreich zurückzukehren. Bei anderen
wurden aus einem vorübergehenden Exil permanente Ansiedlungen in der Fremde.

Entlang des Rheins, der wichtigsten Reise- und Transport-
route im Römisch-Deutschen Reich, etablierten sich schon im
ausgehenden 16. Jahrhundert zahlreiche Flüchtlingsgemeinden
unterschiedlicher Provenienz und Existenzdauer. Frankfurt am
Main wurde zu einer zentralen Durchgangsstation vieler Exu-
lantenwellen. Hier machten die Geflüchteten aus Frankreich,
den Niederlanden oder England zeitweilig ein Fünftel der Bevölkerung aus.

Die ausgewanderten Franzosen schufen Siedlungsstrukturen
im Ausland, sie gründeten Kirchgemeinden oder bewohnten gemeinsam mit Emigranten des niederländischen Aufstands die
ersten «Exulantenstädte» wie Frankenthal oder Schönau in der
Pfalz. Unterstützt wurde dies von den Landesherren. Migrantengruppen wurden in leerstehenden Klöstern angesiedelt, für die
man seit der Reformation keine Verwendung mehr hatte; später
versammelte der Pfälzer Kurfürst an seinem Heidelberger Hof
eine Reihe hugenottischer Gelehrter. Unterbrochen durch Herr-
schaftswechsel und den Dreißigjährigen Krieg hielt die fran-
zösischsprachige Emigration in die Pfalz auch im 17. Jahrhundert an. Sie machte sich noch beim planmäßigen Wiederaufbau
der Residenz Mannheim nach dem Krieg bemerkbar, wo sich
bald eine mitgliederstarke französisch-reformierte Gemeinde
formierte. Über die Jahre vermischten sich in der Pfalz hugenottische Gruppen mit anderen reformierten, häufig ebenfalls französischsprachigen Emigranten aus den Niederlanden. Als die
Invasion Ludwigs XIV. im Jahr 1689 eine erneute Migration
nötig machte, um sich vor französischen Truppen in Sicherheit
zu bringen, waren die Franzosen, Wallonen und Flamen kaum
noch voneinander zu unterscheiden. Viele wählten ausgangs des
17. Jahrhunderts das Kurfürstentum Brandenburg als Ort ihres
zweiten Exils. Dort sollte man sie als «Pfälzer» bezeichnen.

Doch längst nicht alle Migranten des ersten *Refuge* gingen ins
Römisch-Deutsche Reich: Von Nord- und Westfrankreich aus

gesehen war England eine besonders attraktive, nahe gelegene Zufluchtsregion. In London hatten sich bereits unter König Edward VI. (1537–1553) erste Fremdengemeinden etabliert, darunter im Jahr 1550 eine Gemeinde für «Germans and other strangers», die in der ehemaligen Abtei der Augustiner (Austin Friars) untergebracht war. Nach den Protestantenverfolgungen zur Zeit Maria Tudors (1516–1558) entstanden unter Elisabeth I. verschiedene Fremdenkirchen, insbesondere für Hugenotten. Um das Jahr 1570 herum zählte die französische Gemeinde in der Londoner Threadneedle Street bereits knapp 2000 Mitglieder. Die meisten von ihnen gingen städtischen Gewerben nach, etwa im kaufmännischen und handwerklichen Bereich. Das Wachstum Londons seit dem 16. Jahrhundert hängt ganz wesentlich mit der Einwanderung von Kontinentaleuropäern wie den Hugenotten zusammen. Doch auch andernorts im Süden und Osten Englands, so in Southampton, Canterbury oder Norwich, entstanden Gemeinden französischer *réfugiés*.

Wie hat man sich dieses erste *Refuge* in Zahlen vorzustellen? Sicherlich erreichte es längst nicht die Dimensionen der Auswanderung rund um das Jahr 1685. Ohnehin sind frühneuzeitliche Bevölkerungsangaben mangels verlässlichen Datenmaterials mit großer Vorsicht zu genießen. Gerne wurden schon von den Zeitgenossen der einen oder anderen Seite besonders hohe oder niedrige Flüchtlingszahlen absichtsvoll eingesetzt, um die eigenen politischen oder religiösen Argumente zu untermauern. Glaubt man den überlieferten Angaben, dann lebten in einer Stadt wie London ausgangs des 16. Jahrhunderts immerhin etwa 5000 Hugenotten neben zahlreichen anderen Migranten und Geflüchteten; die Gesamtbevölkerung der englischen Metropole – auch damals eine der größten Städte Europas – dürfte bei knapp 200000 gelegen haben. Die Zahl der Hugenotten scheint allerdings je nach den politisch-militärischen Entwicklungen innerhalb Frankreichs recht stark geschwankt zu haben. Dies deutet nicht allein auf ein gesteigertes Fluchtbedürfnis zu bestimmten Krisenzeiten hin, sondern auch auf zahlreiche Rückkehrer, die im Exil nur darauf warteten, dass sich die Situation in der alten Heimat verbesserte. Exakte Zahlen über das erste *Refuge* sind daher in der Rückschau nicht zu gewinnen, doch man wird wohl von einer fünfstelligen Größe ausgehen können.

Um die Bedeutung dieses ersten *Refuge* einzuschätzen, sind freilich nicht allein die Zahlenverhältnisse ausschlaggebend. Wichtig ist vielmehr, dass die frühen französischen Migranten eigene, stabile Strukturen im Ausland schufen, auf denen die Hugenotten im *Grand Refuge* rund hundert Jahre später aufbauen konnten. Handelsverbindungen, Verwandtschaftsbeziehungen, Kommunikationskanäle, soziale und religiöse Infrastrukturen trugen dazu bei, dass zur Zeit der Revokation des Edikts von Nantes die wenigsten Wanderungswilligen ins völlig Unbekannte aufbrechen mussten.

Warum sollte man Hugenotten aufnehmen?

Es versteht sich von selbst, dass konfessionelle und politische Rahmenbedingungen für die Migranten entscheidend zur Wahl ihrer Zielorte beitrugen. Von Beginn der protestantischen Bewegung in Frankreich an hatten die Hugenotten auf Unterstützung durch auswärtige Monarchen und Staaten spekuliert. Dies betraf Fürsten im Römisch-Deutschen Reich ebenso wie die unabhängigen Niederlande oder – im Verlauf des Dreißigjährigen Kriegs – den König von Schweden. Besondere Erwartungen richteten sich traditionell an die englische Monarchie: König Jakob I. (1566–1625) entwickelte sich zur auswärtigen Hoffnungsfigur für die Protestanten Frankreichs. Und auch die englische Unterstützung des belagerten La Rochelle unter seinem Nachfolger Karl I. (1600–1649) ausgangs der zwanziger Jahre speiste sich aus einer breiten protestantischen Solidarität (allerdings war Karl mit der katholischen Tochter Heinrichs IV. von Frankreich verheiratet). Hinzu kamen außen- und wirtschaftspolitische Erwägungen, etwa im Atlantikhandel.

Damit ist bereits angedeutet, dass die wenigsten Gastgeberländer bei der Aufnahme von Hugenotten aus reiner Nächstenliebe handelten. Immer waren eigene Interessen im Spiel. Der

Umgang mit den Hugenotten beruhte auf einer Mischung aus protestantischer Solidarität, politischen Ambitionen sowie ökonomischen und demographischen Hoffnungen der Landesfürsten.

Die Aufnahme von Zuwanderern in deutschen und anderen Staaten stand im Einklang mit Vorstellungen frühneuzeitlicher Bevölkerungspolitik. Schon bei Jean Bodin findet sich die Aussage, dass der eigentliche Reichtum eines Landes auf der Zahl seiner Menschen beruhe. Diese Auffassung hatte sich im Europa des 17. Jahrhunderts im Zusammenhang mit absolutistischen Regierungsformen und merkantilistischen Wirtschaftsvorstellungen weiter verfestigt. In politischer und militärischer, aber auch in ökonomischer und steuerlicher Hinsicht galt die Vermehrung der Untertanen als höchstes Ziel eines Staatswesens. Aus diesem Grund versuchte Ludwig XIV. im Edikt von Fontainebleau so energisch, Auswanderungen zu verhindern. Andere Monarchen sahen zur gleichen Zeit in den Migranten eine willkommene Möglichkeit, ihr Land zu «peuplieren», d. h. zu bevölkern, Steuerzahler zu gewinnen und die eigene Wirtschaftskraft durch neue Untertanen zu stärken – gerade im Licht der Verwüstungen durch den Dreißigjährigen Krieg und die Seuchenzüge des 17. Jahrhunderts.

Das Spektrum von Emigrantenansiedlungen schwankte zwischen minutiöser obrigkeitlicher Planung und Wildwuchs. Erste Exulantenorte wie Frankenthal oder die verkehrsgünstig gelegene Neustadt Hanau nahe Frankfurt am Main (ab 1597) verfügten bald über eine eindrucksvolle Einwohnerzahl, unter anderem dank der Zuwanderung französischsprachiger Wallonen. Und auch beim Wiederaufbau der Pfalz nach dem Dreißigjährigen Krieg, in Kurbrandenburg und anderswo bemühten sich die Regierungen nun immer aktiver um Zuwanderer. In einigen ländlichen Gebieten sorgte erst die Hugenotteneinwanderung der achtziger Jahre dafür, dass rund vier Jahrzehnte nach Ende des Krieges manche Bauernstellen wieder besetzt werden konnten. Gemessen am Vorkriegszustand konnte in den Städten eine vollständige Wiederbesiedlung noch länger dauern. Zahlreiche landesherrliche Einwanderungsprivilegien stellten daher potenziellen Neusiedlern bestimmte Vergünstigungen in Aussicht. Dazu gehörten Steuerfreiheit für eine bestimmte Anzahl von Jahren, Erleichterungen bei Dienstverpflichtungen, die Bereitstellung von Baumaterial, manchmal die Befreiung von der Mitgliedschaft in Handwerkszünften, außerdem die Erlaubnis zur Gründung eigener Kirchgemeinden und mitunter sogar eine eigene Gerichtsbarkeit. Solche Privilegien legten die Basis dafür, dass Migranten gegenüber der eingesessenen Bevölkerung später oft eine besondere, eben «privilegierte» Rechtsstellung erhielten. Dies konnte auch Probleme schaffen.

Verbunden mit einer Ansiedlung auf Basis fürstlicher Anwerbeinitiativen war ein Huldigungseid, den die Zuwanderer gegenüber dem Landesherrn zu leisten hatten und der sie zu pflichtschuldigen Untertanen einer neuen Obrigkeit machte. Ansiedlungen gingen häufig mit einem Verbot von Abwerbungen durch andere Staaten einher. Daraus spricht nicht allein die zeitgenössische europäische Konkurrenz um Zuwanderer, sondern auch die Tatsache, dass längst nicht alle Ansiedlungsversuche von dauerhaftem Erfolg gekrönt waren. Wenn sich die Siedlungsbedingungen als ungünstig herausstellten, Konflikte mit Behörden oder Landesbewohnern entstanden, Militäraktionen und Seuchen drohten oder aus anderen Territorien lukrativere Angebote vorlagen, dann kam es zu Weiter- oder auch zu Rückwanderungen. In den typischen Erfolgsgeschichten, wie sie die ältere Historiographie des hugenottischen *Refuge* oft präsentierte und dabei ein besonders starkes Loyalitätsverhältnis zwischen Neusiedlern und Landesherrschaft herausstrich, war für derlei «Fehlschläge» obrigkeitlicher Ansiedlungspolitik allerdings häufig kein Platz.

Das *Grand Refuge* der Hugenotten setzte nicht mit dem Edikt von Fontainebleau ein, sondern hatte sich bereits in den Jahren zuvor entwickelt, unter dem Eindruck konfessionspolitischen Drucks und militärischer Maßnahmen wie der Dragonnaden. Gleichwohl schnellten die Migrantenzahlen nach dem Edikt noch einmal deutlich nach oben, allerdings nicht sofort, sondern erst von 1686 bis 1688. Dies hing nicht allein mit individuellen Entscheidungen zu einem Ortswechsel zusammen, sondern auch mit der Entwicklung im protestantischen Ausland: In den Monaten um das Revokationsedikt überboten sich deutsche Landesfürsten gegenseitig in ihren Werbeanstrengungen um *réfugiés*. Bevölkerungs- und wirtschaftspolitische Interessen gingen dabei Hand in Hand mit landesfürstlichen Statements protestantischer Solidarität.

Zwischen Nächstenliebe und Kalkül: Die Hohenzollern und das Edikt von Potsdam

Wie schon während des ersten *Refuge* lag es auch in den achtziger Jahren des 17. Jahrhunderts für potenzielle Migranten nahe, nicht einfach planlos in die Ferne zu streben, sondern sich rund um die Grenzen ihrer ehemaligen Heimat niederzulassen. Auswanderungswillige Hugenotten des *Grand Refuge* strebten daher vor allem in die protestantischen Nachbargebiete Frankreichs. Die brandenburgischen Territorien indes wiesen aufgrund ihrer Entfernung von Frankreich als Emigrationsziele einen entscheidenden geographischen Nachteil auf, der durch politischen Aktionismus seitens der kurfürstlichen Regierung kompensiert werden musste.

In Brandenburg-Preußen verband sich die Hugenottenansiedlung mit einer Reihe konzertierter Anstrengungen zur Wiederbesiedlung eines von Krieg und Pest verwüsteten, entvölkerten Landes. Neben niederländischen und Schweizer Reformierten und später den Lutheranern aus dem Erzstift Salzburg durften sich zeitweilig sogar kleinere Gruppen jenseits der anerkannten christlichen Bekenntnisse wie Mennoniten und Juden in den Territorien der Hohenzollern ansiedeln. Die Protestanten aus unterschiedlichen Teilen Frankreichs sollten gemeinsam mit den frankophonen «Pfälzern», den Waldensern und den Bewohnern des Fürstentums Orange in den Jahrzehnten um 1700 quantitativ die meisten Immigranten stellen. Aus ihnen wurden die preußischen Hugenotten.

Nicht allein seine Entfernung von den französischen Grenzen machte Brandenburg-Preußen zu einem eher ungünstigen Ziel. Hinzu kam, dass sich hier nur die Dynastie und einige Eliten

zum reformierten Glauben bekannten – mehr als 90 Prozent der
Landesbevölkerung waren lutherisch und pflegten bestenfalls
ein gespaltenes Verhältnis zum Reformiertentum. Dieses spe-
zielle konfessionelle Mischungsverhältnis sollte für die Einwanderung und Ansiedlung der reformierten Hugenotten bedeutsam werden.

Die Anfänge der hugenottischen Einwanderung waren denk-
bar bescheiden. Wie andere Monarchien beschäftigte der Berliner Hof in der zweiten Hälfte des 17. Jahrhunderts bereits ein
paar französische Amts- und Würdenträger. Dem kurfürstlichen
Geheimen Ratsdirektor und Freiherrn Otto von Schwerin
(1616–1679) gelang es ausgangs der sechziger Jahre, einige französische Familien auf seinem Gut in Altlandsberg anzusiedeln,
die später nach Berlin umzogen. In der Residenzstadt bildete
sich 1672 eine kleine reformierte Kirchgemeinde für die vielleicht hundert französischen Hofangehörigen und Stadtbewohner. Mit Jacques Abbadie (1656–1727) stand ihr seit 1680 ein
Pastor aus Béarn vor, der die hugenottischen Akademien von
Montauban, Saumur und Sedan durchlaufen hatte. Nach der
Thronübernahme Friedrichs III. (1657–1713) sollte Abbadie
nach England gehen und für eine Weile an der hugenottischen
Savoy-Kirche Londons als Geistlicher wirken. Seine engagierte
Lobbyarbeit bei Kurfürst Friedrich Wilhelm (1620–1688) und
dessen Ministern ist für die Hugenottenaufnahme in Branden-
burg-Preußen kaum hoch genug einzuschätzen.

Der Kurfürst hatte bereits in den sechziger Jahren des 17. Jahrhunderts erfolglos bei Ludwig XIV. zugunsten der Hugenotten
interveniert und wurde durch seinen Gesandten in Paris, Ezechiel von Spanheim (1629–1710), über deren immer schwierigere
Lage informiert. Spanheim selbst war ein Nachfahre des hugenottischen Pfälzer Hofpredigers Daniel Tossanus (1541–1602);
er verfügte über europaweite Verbindungen in Politiker- und
Gelehrtenkreise und sollte künftig für das brandenburgische
Refuge eine maßgebliche Rolle spielen. Er und der Pfarrer Abbadie dürften gemeinsam mit der französischen Gemeinde Berlins hinter der Ausgestaltung des berühmten Edikts von Potsdam gestanden haben, des kurfürstlichen Aufnahmeprivilegs

vom 29. Oktober 1685. Auf Regierungsseite hatte der Minister Paul von Fuchs (1640–1704) seine Hände im Spiel, der der französischen Gemeinde Berlins schon früh eine organisatorische und rechtliche Stellung nach französischem Brauch eingeräumt hatte und sich auch anderweitig um konfessionellen Ausgleich (unter Begünstigung des Reformiertentums) bemühte. Während es der Berliner französischen Gemeinde in der Mitte der achtziger Jahre primär um eine Festschreibung ihrer Rechte ging, bemühten sich Spanheim von Paris aus und Abbadie gemeinsam mit dem brandenburgischen Gesandten Friedrich Wilhelm von Diest (1647–1726) in den Niederlanden persönlich darum, bereits emigrierte Hugenotten nach Kurbrandenburg zu lenken und günstige Siedlungsbedingungen zu schaffen. Zwischen dem Edikt von Fontainebleau, das nach dem gregorianischen Kalender am 18. Oktober ausgestellt worden war, und dem nach julianischem Kalender datierten Edikt des Kurfürsten lagen 21 Tage, denn die Zeitrechnung der Katholiken war den Protestanten um zehn Tage voraus. Die rasche Reaktion des Hohenzollernkurfürsten auf das Verbot des Protestantismus in Frankreich illustriert, wie effizient damalige Verwaltungen arbeiten konnten; vor allem jedoch deutet sie auf etablierte Kommunikationswege, Hintergrundinformationen und Vorarbeiten hin, die erst im Licht der längeren Vorgeschichte des *Grand Refuge* verständlich werden.

Das Potsdamer Edikt orientierte sich an Vorläufertexten zur Peuplierung, d. h. der (Wieder-)Besiedlung Kurbrandenburgs, aber es griff auch Inhalte ähnlicher Privilegien aus anderen deutschen Staaten auf. Es richtete sich insbesondere (wenngleich nicht ausschließlich) an städtische Gewerbetreibende, es bot potenziellen Zuwanderern Zoll-, Abgaben- und Zunftfreiheiten, eine prinzipielle Niederlassungsfreiheit, Hilfen bei der Übernahme verlassener Grundstücke oder verfallener Gebäude und eine rechtliche Gleichstellung mit brandenburgischen Untertanen. Gleichzeitig sah es die Möglichkeit vor, französische Gottesdienste und eine eigene Schiedsgerichtsbarkeit für *réfugiés* einzurichten. Dass zur Ansiedlung zwar verschiedene Städte empfohlen wurden, ohne jedoch die Residenzen Berlin und Potsdam zu nennen, dürfte mit Ordnungs- und Sicherheitserwägungen der Zeit zusammenhängen. Das Edikt beginnt und schließt mit einer Einschränkung, die verdeutlicht, wer sich denn überhaupt angesprochen fühlen sollte und wer nicht: Es richtete sich ausdrücklich an die französisch-reformierten «Glaubens-Genossen» des Kurfürsten und schloss Katholiken explizit aus.

Das Edikt von Potsdam wurde zweisprachig und in mehr als 5000 Exemplaren gedruckt. Wenngleich vage in Einzelheiten, so steigerte es doch aufgrund seiner umfangreichen Zugeständnisse und seiner raschen Verbreitung im protestantischen Europa (sogar bis ins katholische Frankreich) das Interesse vieler *réfugiés* an einer Ansiedlung im Hohenzollernstaat. Es förderte Zuwanderung, allerdings nicht um den Preis religiöser oder wirtschaftlicher Gleichgültigkeit. Angesichts der Dominanz des Luthertums in Kurbrandenburg liegt auf der Hand, dass die reformierten Hohenzollern damit – analog zum katholischen Frankreich – einer Konfessionalisierung ihres Landes Vorschub leisten wollten, wenngleich mit subtileren Mitteln und ohne Gewalt. Gleichzeitig hoffte man vor allem auf wirtschaftlich potente Migranten. In beiderlei Hinsicht war das Edikt freilich kein voller Erfolg. Weder sorgten die Hugenotten für ein deutliches Wachstum der reformierten Bevölkerung Brandenburg-Preußens, noch dürften sie – von einigen Aushängeschildern abgesehen – die Wirtschaftskraft des Landes entscheidend befördert haben, auch wenn die ältere Hugenottenforschung dies so gesehen hat. Geschadet haben obrigkeitliche Siedlungsangebote wie das Edikt von Potsdam aber ebenso wenig, denn sie waren ein politisches Gebot der Zeit.

Migranten: Der Weg ins Refuge

Das Potsdamer Edikt war mehr als nur ein Kondensat bisheriger brandenburgischer Peuplierungspolitik. Es wirft ein Schlaglicht auf das Migrationsregime der Hohenzollern, auf Ansiedlungspraktiken und auf das unmittelbare Wanderungsgeschehen. Mehrere seiner Artikel bezogen sich nämlich auf die konkreten Migrationswege. So wurden Vertreter Brandenburg-Preußens in den Niederlanden ebenso als konkrete Anlaufstellen für Emigranten benannt wie etwa der Resident Matthäus Merian der Jüngere (1621–1687) in Frankfurt am Main. Angesprochen waren vor allem diejenigen *réfugiés*, die Frankreich schon verlassen hatten und im Exil – etwa in der Schweiz – ihr Leben teils unter schwer erträglichen Umständen verbrachten. Meldeten sie sich bei den auswärtigen Vertretern der Hohenzollern, dann standen sie bereits auf ihrer Weiterreise unter brandenburgischem Schutz.

Oben wurde schon erwähnt, dass das Edikt von Fontainebleau Protestanten eine Emigration streng verboten hatte. Viele hugenottische Fluchtberichte, die oft erst Jahre später an den Exilorten im Druck erschienen, betonen die Gefahren einer Auswanderung: die Sorge vor Verhaftung, die Unerbittlichkeit der königlichen Schergen, aber auch die Tricks, die man anwenden musste, um aus dem Land zu gelangen – verkleidet, bei Nacht und Nebel, durch Bestechung von Wachen und Grenzposten oder unter Vorspiegelung harmloser Handels- und Besuchsreisen. Solche Berichte illustrieren gleichzeitig, dass die Emigrationsmöglichkeiten in der Realität ausgesprochen zahlreich waren.

Von potenziellen Migranten wurden Ortswechsel vorab so genau wie möglich geplant. Tages- und Nachtzeiten, Reiseverbindungen, Straßen- und Flussläufe, Kontrollpunkte und auch Jahreszeiten waren zu beachten. Nach Möglichkeit engagierten Gruppen unterwegs einen kundigen Führer, der sie an obrigkeitlichen Kontrollen vorbei und sicher über die Grenzen schleuste. In den Niederlanden kamen viele *réfugiés* aus Nordfrankreich mit Booten vor allem in den Sommermonaten an, weil das Reisewetter besser war und die Bauern, die zur Überwachung der Küste eingesetzt wurden, mit der Ernte ihrer eigenen Felder beschäftigt waren.

Vom Exodus aus dem Süden und Osten Frankreichs war besonders die benachbarte Eidgenossenschaft betroffen. In den Jahren zwischen 1680 und 1700 zählte man in den Schweizer Kantonen (ohne Genf) rund 45 000 hugenottische Neuankömmlinge, wovon in einem einzigen Jahr (1693) allein 6000 auf das

Territorium Berns entfielen. Die Behörden und Einwohner der Kantone waren von diesem Zustrom zeitweise völlig überfordert. Energisch bemühte man sich darum, die Migranten weiterzuschicken. Unterwegs erhielten bedürftige Reisende – und dies traf für viele Hugenotten zu – eine *passade* oder ein *viaticum*, d. h. ein Almosen unter der Bedingung, dass sie rasch fortzogen. Jenseits von individueller Nächstenliebe gegenüber Bedürftigen schützten sich die Ortsgemeinden damit zumindest ansatzweise vor einem übermäßigen Zuzug armer Fremder, die sie sonst dauerhaft hätten versorgen müssen.

Nicht allein in der Schweizer Eidgenossenschaft, auch im Süden des benachbarten Römisch-Deutschen Reiches klagte die ansässige Bevölkerung über Versorgungsprobleme wie den Mangel an Nahrung und Brennholz, den durchziehende Hugenotten auslösten. Zu Hilfe kamen andere europäische Mächte wie Brandenburg-Preußen, die mit Geld, Personal und politischen Angeboten aufwarteten. Sie lenkten die Migranten, die manchmal bereits Monate oder Jahre in Schweizer Behelfsunterkünften verbracht hatten, in Richtung bestimmter Aufnahmeländer.

In der Terminologie der modernen Migrationsforschung handelte es sich bei vielen Hugenotten, die sich später in den Hohenzollernterritorien oder anderswo im Alten Reich niederließen, um Sekundärmigranten, die ihren ursprünglichen Wohnort bereits auf einer früheren Etappe ihrer Wanderung verlassen hatten. Dies gilt ganz besonders für die sogenannten Pfälzer des ersten *Refuge*, zu denen die französische Wallonengemeinde Mannheims gehörte. Im Jahr 1689 entschied sie sich angesichts der Bedrohung durch die Armee Ludwigs XIV., geschlossen ins brandenburg-preußische Magdeburg umzusiedeln. In der Hohenzollernmonarchie gingen die «Pfälzer» in der Schar der Hugenotten auf.

Auch wenn die Wanderung ganzer Gemeinden eine Seltenheit darstellte, so reiste doch – schon aus Sicherheitsgründen – niemand gern allein. Manchmal brachen Einwohner einzelner Dörfer gemeinsam auf; gelegentlich bildeten sich unterwegs Gruppen aus den gleichen Herkunftsgebieten oder mit ähnlichen Berufen. Teils formten sich auch größere «Brigaden», angeführt etwa durch hugenottische Pfarrer und Adelige oder durch sogenannte Flüchtlingskommissare der Aufnahmeterritorien (die ihrerseits oft hugenottischer Abstammung waren).

Je nach finanziellen Möglichkeiten und den Gegebenheiten vor Ort reiste man oft zu Fuß oder per Schiff, seltener auf dem Pferd oder per Kutsche. Unter den verschiedenen Wegen, aus der Schweiz ins Reich zu gelangen, spielte insbesondere der Rhein eine wichtige Rolle. Der Fluss führte die *réfugiés* zu ihren Landsleuten in die Niederlande, andere in Richtung Frankfurt am Main. Wie schon zuvor wurde Frankfurt unter den Bedingungen des *Grand Refuge* abermals zu einer «Drehscheibe» (M. Magdelaine) für Migranten. Zur Attraktivität der Stadt trugen ihre geographische Lage, ihre politische Position als Freie Reichsstadt und ihre Bedeutung als internationaler Handels- und Messeort bei. Außer Brandenburg-Preußen verfügten dort diverse europäische Staaten über Agenten und diplomatische Vertreter.

Die Situation Frankfurts verband sich eng mit den Entwicklungen in der Eidgenossenschaft. In den zehn Jahren zwischen 1685 und 1695 zählte man am Main allein 46000 durchreisende französische *réfugiés* – die entsprechenden Migrantenlisten weisen allerdings manche Mehrfachnennung auf. So ist die tatsächliche Zahl auf etwa die Hälfte geschätzt worden, was freilich immer noch eindrucksvoll genug ist, bedenkt man, dass die Einwohnerzahl Frankfurts in diesen Jahren bei etwas mehr als 20000 Menschen lag.

Für Frankfurt, aber auch für andere Gemeinwesen gilt, dass sich weltliche und kirchliche Obrigkeiten darum bemühten, in das oft chaotische Migrationsgeschehen ordnend einzugreifen. Dazu dienten Migrantenlisten, die vielerorts überliefert sind. Eine Erfassung von Menschen in Listen, die über Herkunft, Alter, Familienstand, Qualifikation, Besitz und andere Kriterien Auskunft gaben, war schon bei früheren Migrationsvorgängen praktiziert worden. Im Kontext der Hugenottenaufnahme setzten sich Listen als Mittel zur Migrationssteuerung weithin durch. Die einzelnen *réfugiés* wurden damit gleichsam entpersonalisiert, ihre Schicksale auf administrative Kriterien reduziert.

Ähnlich wie der Einsatz von Kommissaren war die Listenerfassung ein außerordentliches, kein reguläres Mittel vormoderner Migrationskontrolle. Listen entstanden üblicherweise ad hoc zu einem konkreten Anlass wie der Abrechnung von Spendenbeträgen an Bedürftige oder der Akquise wirtschaftlich potenter Zuwanderer. Die dort präsentierten statistischen Daten sind heute zwar eine Fundgrube für die historische und genealogische Forschung, zugleich können sie jedoch mancherlei Verzerrungen aufweisen.

Was sich in Listen kaum widerspiegelt, ist, dass die Migration der Hugenotten in der Regel kein eindimensionaler Vorgang war, der sich zwischen einem Ausgangs- und einem Zielort abspielte. Migrationen verliefen nicht nur in Etappen, sondern teils zirkulär. Öfter als man vielleicht erwarten könnte, kam es zu Weiter- und Rückwanderungen. Für die Niederlande ist jüngst geschätzt worden, dass die Remigranten immerhin rund 1000 Personen umfassten. Französische Diplomaten im Ausland scheinen Rückkehrwillige tatkräftig unterstützt zu haben. Speziell nach dem Frieden von Rijswijk 1697, der den Hoffnungen auf eine Rücknahme des Edikts von Fontainebleau den Boden entzogen hatte, machten sich zahlreiche *réfugiés* auf den Weg zurück in ihr Heimatland und konvertierten dort zum Katholizismus, weil sie im Exil keine Zukunft für sich sahen und andernfalls keine Möglichkeit gehabt hätten, ihren verlassenen Besitz zurückzuerlangen.

Ansiedlung: Territorien, Gemeinden und Kolonien

Wie schon Genf und verschiedene Schweizer Kantone diente Frankfurt am Main als Durchgangsstation, etwa auf dem Weg nach Hessen-Kassel oder nach Brandenburg-Preußen. Daneben profilierten sich insbesondere Brandenburg-Bayreuth, Hessen-Darmstadt, Württemberg, braunschweigische und mecklenburgische Territorien sowie verschiedene kleinere Grafschaften als Zielgebiete.

Die Hugenottenaufnahme in Deutschland war indes keine reine Erfolgsgeschichte. Zwar lässt sich gerade in prominenten

Aufnahmeterritorien wie Brandenburg-Preußen oder Hessen-Kassel nicht von permanenten Konflikten zwischen Zuwanderern und Einheimischen sprechen, die noch dazu gar von Engstirnigkeit und Fremdenfeindlichkeit der lokalen Bevölkerung geprägt gewesen wären: Wenn es Schwierigkeiten im Zusammenleben gab, dann betraf dies vor allem eine gefühlte Konkurrenz um konkrete Nahrungsgrundlagen und Ressourcen. Weiter- und Rückwanderungen nährten ebenfalls Zweifel am Willen einiger Zuwanderer, sich einer neuen Landesobrigkeit unterzuordnen. Zusätzlich wurde jedoch in manchen Territorien des Reiches durchaus grundsätzliche Skepsis gegenüber der Sinnhaftigkeit einer Ansiedlung laut.

Da katholische Herrschaften ohnehin nicht als Ziele in Frage kamen, finden sich Diskussionen um das Für und Wider einer Aufnahme der reformierten Hugenotten insbesondere in lutherischen Staatswesen. Die hugenottische Haltung gegenüber dem Luthertum war ambivalent: Manche ihrer Theologen argumentierten im Gefolge des Saumurer Gelehrten Moyse Amyraut für eine Abendmahlsgemeinschaft mit den Lutheranern, andere lehnten wie Pierre Jurieu gemeinsame Gottesdienste zugunsten einer Reinheit ihres eigenen Glaubens ab. Führende lutherische Theologen in Brandenburg-Preußen sprachen sich wie der Pietist Philipp Jakob Spener (1635–1705) für eine Konversion der Hugenotten zum Luthertum aus, weil man sie ansonsten nicht zum Abendmahl zulassen könne. Sein pietistischer Zeitgenosse August Hermann Francke (1763–1727), der in Halle an der Saale fromme Anstalten zur Bildung und Armenversorgung betrieb, bemühte sich um eine Erweckung von Hugenotten zu pietistischer Frömmigkeit.

Auch in anderen deutschen Territorien begegneten Lutheraner den Hugenotten mit Skepsis: Die Besiedlung der Neustadt Erlangen im Markgraftum Brandenburg-Bayreuth mit *réfugiés* setzte der Landesherr nur gegen erheblichen Widerstand seiner Kirchenbehörde durch. Ähnlich ablehnend verhielt sich zunächst die lutherische Geistlichkeit Württembergs gegenüber calvinistischen Neuankömmlingen. Erst um die Wende zum 18. Jahrhundert sollte auch Württemberg zum Aufnahmeland für reformierte Hugenotten aus dem Schweizer Exil werden – nunmehr begünstigt durch die Einwanderung der Waldenser (*Vaudois*) aus einigen Tälern des Piemont: Dank geschickter Lobbyarbeit ihrer Pfarrer war es den Waldensern gelungen, ihr Bekenntnis als urkirchlich-apostolisch und damit nicht im strengen Sinne als reformiert zu präsentieren (aus der Perspektive der französischen und piemontesischen Politik galten sie hingegen als Calvinisten und gehörten damit zum Kreis der abtrünnigen Hugenotten). Parallel zur ländlichen Waldenseransiedlung bildeten sich unter Herzog Eberhard Ludwig (1676–1733) nun auch in einigen Städten Hugenottengemeinden, wenngleich unter eher prekären Verhältnissen. Die Siedlungsgeschichte der anfangs gut 2000 Waldenser in Württemberg verlief dagegen ungleich erfolgreicher.

In Kursachsen, dem Mutterland der lutherischen Reformation, kam es jenseits von kleinen Kaufmanns- und Hofgemeinden nicht zu einer nennenswerten Aufnahme hugenottischer *réfugiés*. Die benachbarten Thüringer Territorien blieben gleichfalls weitgehend unberührt. Für die örtlichen Theologen und Politiker wog die Reinerhaltung des lutherischen Bekenntnisses schwerer als die vermeintlich unabsehbaren wirtschafts- und bevölkerungspolitischen Vorteile einer Zuwanderung. Doch selbst in Brandenburg-Preußen sollten sich die mit dem Potsdamer Edikt verbundenen konfessionspolitischen Hoffnungen auf eine Stärkung des Reformiertentums nicht erfüllen. Geht man von einer Aufnahme von etwa 20000 Personen in den Jahren nach 1685 aus – unberücksichtigt bleiben hier die Weiter- und Rückwanderungen –, dann wären dies vielleicht zwei Prozent der Landesbevölkerung gewesen. Noch im Jahr 1740 lag der reformierte Bevölkerungsanteil Brandenburg-Preußens nur bei gut drei Prozent. Die Hugenotten sorgten damit gegenüber der lutherischen Mehrheit kaum für eine Stärkung des reformierten Glaubenselements, wie sie sich die Hohenzollernmonarchen gewünscht hatten. Dem langlebigen Mythos vom enormen demographisch-wirtschaftlichen Zustrom aus Frankreich nach Brandenburg-Preußen tat dies dennoch keinen Abbruch. Und tatsächlich war es insbesondere die Publizistik brandenburgischer Hugenotten selbst, die in den Jahren nach 1700 einen engen Zusammenhang von religiöser Toleranz und ökonomischem Nutzen propagierte.

Bei aller Bedeutung von Glaubensfreiheit konnte es aus unterschiedlichen, oft ganz praktischen Gründen eine Weile dauern, bis sich *réfugiés* längerfristig an einem Exilort eingerichtet hatten. Zuerst musste die Infrastruktur stimmen. In Kurbrandenburg wurden Städte und Lokalbehörden angewiesen, Siedlungsmöglichkeiten und Grundstücke zu sondieren; anderswo dienten Militärbaracken als Behelfsunterkünfte. Der Ausbau der Berliner Friedrichstadt kam der Hugenottenansiedlung entgegen; er entsprach allerdings einem zeittypischen Bedürfnis zahlreicher Reichsfürsten, die um das Jahr 1700 ihre barocken Residenzen vergrößerten und deren Vorstädte mit Zuwanderern besiedelten. Auf dem Land wurden Hugenotten etwa in der brandenburgischen Uckermark planvoll angesiedelt; die lokale Einwohnerschaft hatte im Rahmen ihrer herrschaftlichen Fronleistungen mit Fuhr- und Versorgungsdiensten zu helfen.

Reisenden und Migranten dienten in der Vormoderne üblicherweise Kirchgemeinden als erste Anlaufpunkte. Dies gilt speziell für Minderheitskirchen, die Neuankömmlinge mit Rat und Tat unterstützten. Im Fall der Hugenotten entwickelte sich rund um deren bereits bestehenden Gemeinden bisweilen eine besondere kirchlich-karitative Infrastruktur, die für die geistliche und materielle Versorgung neuer Migranten von großer Bedeutung war. Für Brandenburg-Preußen lässt sich dies anhand der Französischen Gemeinde Berlins zeigen, deren Umfeld über die Jahre zum Zentrum hugenottischer Kultur im Hohenzollernstaat und im Römisch-Deutschen Reich avancieren sollte.

Der Berliner Hugenottengemeinde stand zunächst der Dom und seit 1688 die Kirche in der Dorotheenstadt als Gotteshaus zur simultanen Mitbenutzung zur Verfügung. Bis ins Jahr 1841 fanden hier Gottesdienste in französischer Sprache statt. Später kamen weitere Kirchen hinzu wie die Friedrichstadtkirche (1705), die rund achtzig Jahre später mit dem heute bekannten Französischen Dom auf dem Berliner Gendarmenmarkt (früher: Friedrichstädtischer Markt) ihren markanten Anbau erhielt. Gerade in den ersten Jahrzehnten wachten die französischen Gemeindemitglieder peinlich genau über ihre liturgischen und kirchenorganisatorischen Eigenheiten, die sie – nicht nur sprachlich – von den deutschen Reformierten unterschieden. Rund um die französischen Kirchen entstanden unter anderem ein Gerichtsgebäude, Bildungsanstalten (darunter das bis heute, wenngleich an anderer Stelle existierende Französische Gymnasium) und Einrichtungen zur Armenversorgung wie eine Bäckerei und eine Suppenküche (*Marmite*) sowie ein Kranken- und Entbindungshaus. Obwohl den Hugenotten in Brandenburg-Preußen keine landesweiten Synoden erlaubt wurden, wie sie einst unter den Reformierten Frankreichs existiert hatten, sind gewisse Eigenheiten der französischen Gemeindestruktur im Berliner Exil kaum zu übersehen, etwa die reformierte Institution des Konsistoriums.

Eine wichtige Funktion hugenottischer Kirchgemeinden bestand in der materiellen Versorgung von Landsleuten. In Brandenburg-Preußen und andernorts wurden Hilfeleistungen zur Ansiedlung von *réfugiés* nicht allein durch die Monarchie, sondern durch private Spenden erbracht. Gelegentlich führte man – so in den Niederlanden – auch Lotterien durch, deren Erlös den Migranten zugutekam. Ansonsten rief der Monarch die lokale Geistlichkeit dazu auf, Kirchgänger zu Kollekten zu animieren, oder hugenottische Pastoren machten sich selbst auf den Weg, um Geld für ihre Exilgemeinden zu sammeln. Bei Spendenunwilligkeit forderte der Landesherr – wie 1686 in Kurbrandenburg – gar Zwangsabgaben ein. Bedeutsam für die internationale Hugenottenversorgung war das Engagement älterer Fremdengemeinden wie der französischen Kirchen in England und der wallonischen Gemeinden in den Niederlanden, die auf eine entsprechende Infrastruktur zur Geldsammlung und finanzkräftige Spender in ihren Reihen zurückgreifen konnten.

Kollektenreisen zur Spendenakquise waren nicht auf Brandenburg-Preußen und auch nicht auf Mitteleuropa beschränkt: Im Umfeld des Londoner Bischofs Henry Compton (1632–1713) tummelten sich zahlreiche Hugenotten vom Kontinent, die auf den Britischen Inseln Spenden für ihre kontinentaleuropäischen Brüder und Schwestern sammelten. Unterstützt wurden derartige Geldsammlungen häufig durch entsprechende Druckschriften, die Armut, Glaubenstreue und Standhaftigkeit der Migranten thematisierten und Mitleid bei potenziellen Spendern erwecken sollten.

Manchmal dienten Geldkollekten im In- und Ausland nicht allein der Versorgung von Zuwanderern, sondern konkret dem Ausbau von Gotteshäusern. Kurfürst Friedrich III. wandte sich gar selbst mit der Bitte um Finanzierung eines Kirchenbaus an den englischen Monarchen Wilhelm III., nachdem sich lutherische Gemeinden energisch gegen eine Mitnutzung ihrer Gotteshäuser durch die reformierten Franzosen gesträubt hatten und der Landesherr den Franzosen den Berliner Dom hatte zuweisen müssen.

Zur Verwaltung der Hugenottenansiedlungen entwickelte sich in Brandenburg-Preußen ab 1685 nach und nach eine sogenannte «Colonie». Darunter verstand man, wie das Zedler'sche Lexikon es 1733 formulierte, weniger eine überseeische Dependance europäischer Mächte, sondern vielmehr eine Gruppe von Menschen, die «einen wüsten oder unbewohnten Ort anbau-[t]en». Gemeint waren außerdem «Familien einer fremden Nation», die über eigene Sonderrechte verfügten und nach der Ansiedlung «ihr besonderes Wesen behalten» durften. Beides trifft auf die Hugenottenkolonie des Hohenzollernstaats zu. Ihre Verwaltung unterstand zunächst dem Generalkriegskommissariat unter Joachim Ernst von Grumbkow (1637–1690) und wurde anschließend von Ezechiel von Spanheim übernommen, dem seinerseits zwei hugenottische Kommissare zuarbeiteten. Zu ihren Aufgaben gehörte es, Neuankömmlinge zu registrieren, Unterstützungsgeld auszuzahlen und Ansiedlungsmaßnahmen zu organisieren. Später entstand im Rahmen der Kolonie eine differenzierte eigene Gerichtsbarkeit. Unter König Friedrich Wilhelm I. (1688–1740) schuf man als Oberbehörde ein *Grand Directoire*, das bis zur Aufhebung der Kolonie 1809 existierte. Kirchliche Angelegenheiten regelte seit 1701 das Französische Oberkonsistorium; eine am französischen Vorbild orientierte synodal-presbyteriale Struktur unabhängig vom Landesherrn entwickelte sich jedoch nicht.

Die Hugenottenkolonie in Kurbrandenburg umfasste keinen abgeschlossenen Raum, sondern bildete einen rechtlich-administrativen Zusammenschluss in direkter Abhängigkeit von Herrscher und Zentralbehörden. Später sollte neben anderen kurzlebigen Projekten noch eine böhmische Kolonie hinzukommen. Die Hohenzollern verfügten somit gleichsam über Kolonien vor der eigenen Haustür und nicht allein (seit 1683) im westafrikanischen Fort Großfriedrichsburg – an deren Etablierung übrigens ein Hugenotte maßgeblich beteiligt war: der vormalige Seeräuber, Unternehmer, *directeur général de Marine* und Gründer der Brandenburgisch-Afrikanischen Handelskompanie, Benjamin Raulé (1634–1707).

Innerhalb des Rechtsgefüges der Hugenottenkolonie sind die wachsende, eigenständige hugenottische Infrastruktur Berlins und die Selbstverwaltungsorgane der *réfugiés* hervorzuheben. Die Berliner Gemeinde übernahm bald nicht nur unterschiedliche Aufgaben karitativer Versorgung, sie bot auch Hilfestellung bei der Zusammenführung von Familien an, bei Übersetzungen oder bei der Suche nach Wohnung und Arbeit. Schon 1689 eröffnete in Berlin auf Initiative eines französischen Kaufmanns ein *bureau d'adresse*, dessen Funktionen vom Kommissionshandel über Pfandleihe und Immobilienmaklerei bis zur Arbeitsvermittlung für Dienstbotenpositionen reichten. Dies ist gewissermaßen der hugenottische Beitrag zur Genese der neuzeitlichen Informationsgesellschaft. Gleichzeitig wird daran deutlich, dass die berufliche und sozioökonomische Integration der *réfugiés* auf gruppeninterne Vermittlungsstrukturen angewiesen war und sich nicht allein obrigkeitlich steuern ließ. So lässt sich denn auch erklären, dass Hugenotten, wie so oft in Migrationszusammenhängen, bestimmte berufliche Sparten dominierten (berühmt sind die livrierten Sänftenträger, gewissermaßen die Vorläufer der Berliner Taxifahrer). Außerdem illustriert dies die soziale Vielfalt des *Refuge*, das sich keineswegs in Kunsthandwerkern und Manufakturunternehmern erschöpfte.

Vielfalt: Sozialstruktur und Geschlechterverhältnisse

Die Position der deutschen Territorien bei der Hugenottenaufnahme war gegenüber ihrer westeuropäischen Konkurrenz nicht allzu günstig: angesichts ihrer geographischen Lage, der Chronologie der Ereignisse und der Konfessionsverhältnisse. Im Römisch-Deutschen Reich gingen die Obrigkeiten daher oft besonders weit bei ihren Angeboten an potenzielle Zuwanderer und gestanden ihnen beim Aushandeln günstiger Siedlungsbedingungen mehr Spielraum zu als anderswo. Trotzdem ließen sich viel zu wenige der erwünschten wohlhabenden, spezialisierten und kommerziell vielversprechenden Migranten als Zuwanderer gewinnen, denen das Interesse der Landesfürsten galt. Viele von ihnen waren längst in Nachbarländern untergekommen. So sahen sich die Obrigkeiten vor der Herausforderung, eine Masse an weniger Qualifizierten versorgen und unterbringen zu müssen. Die hugenottischen Erfolgserzählungen, die bis in die Frühzeit des *Grand Refuge* zurückreichen und lange die Geschichtsschreibung dominierten, scheinen dieses Dilemma bereits zeitgenössisch kompensiert zu haben.

In den meisten Aufnahmekommunen bevölkerten die Hugenotten einzelne Stadtviertel oder Straßenzüge: so in Berlin, wo sie um 1700 bis zu einem Viertel der Bevölkerung ausmachten. Nur an wenigen Orten stellten *réfugiés* die Mehrheit – dazu gehörten Hugenottendörfer in der brandenburgischen Uckermark, Waldenserdörfer in Württemberg oder Friedrichsthal in Baden-Durlach, das durch hugenottischen Tabakanbau bekannt wurde. Im Unterschied zur Epoche des ersten *Refuge* kam es seltener zu signifikanten Neugründungen eigenständiger Exulantensiedlungen durch die Landesherren: Ausnahmen sind etwa die als barocke Planstadt angelegte Neustadt Erlangen (1686), Neu-Isenburg (1699/1702) oder (Bad) Karlshafen (1699) an der Weser, wo sich heute der Sitz der Deutschen Hugenotten-Gesellschaft befindet.

Die Ansiedlung der Hugenotten in Mitteleuropa verbindet man häufig mit erfolgreichen Manufakturunternehmungen: vorindustrielle Betriebe, die bestimmte (kunst-) handwerkliche

Produkte oder Textilien in Serie fertigten. Noch um die Mitte des 18. Jahrhunderts waren in Preußen Nachkommen von *réfugiés* oder Neuzuwanderer aus Frankreich in der Produktion von Seide für die Bedürfnisse des Hofs oder der Residenzstadt bzw. für den Export beschäftigt. Hinzu kamen Gobelin- und Baumwollbetriebe, Wollmanufakturen, Bandwebereien und vieles mehr.

Faktisch bestand jedoch nur ein kleiner Teil der Ankommenden aus Manufakturunternehmern, Kunsthandwerkern und anderen Spezialisten. Das *Refuge* umfasste das gesamte soziale Spektrum der vormodernen Gesellschaft. Angehörige der bäuerlichen Bevölkerung, Handwerker und Kleinhändler waren ebenso darunter wie Goldschmiede, Künstler oder Bettler. Die Wortführer der Migranten – Adelige, Geistliche und Gelehrte – bildeten quantitativ gar eine verschwindende Minderheit.

Die Bedeutung der Geistlichen für das *Refuge* ist dennoch kaum zu überschätzen: Sie verfügten über wertvolle Kontakte innerhalb des europäischen Calvinismus und sie besaßen oft einen breiten intellektuellen Horizont. Nach ihrer Ausweisung 1685 war der europäische Markt an französisch-reformierten Geistlichen bald gesättigt, und es konnte im Einzelfall schwierig werden, im *Refuge* eine angemessene Anstellung zu finden. Trotzdem setzten erstaunlich viele Pfarrer ihre Karrieren relativ ungebrochen fort. Als aus Frankreich kein geistlicher Nachwuchs zur Versorgung der auswärtigen Hugenottengemeinden mehr zu erwarten war, griff man im *Refuge* auf Theologen aus der französischsprachigen Schweiz zurück; von 1770 an existierte in Berlin ein französisch-reformiertes Predigerseminar unter der Leitung von Jean-Pierre Erman.

Als Seelsorger und vor allem als Publizisten bildeten Geistliche die Meinungsmacher des hugenottischen Exils und prägten das Bild des glaubenstreuen, standhaften und arbeitsamen *réfugié*. Gleichzeitig waren sie in Gottesdiensten und kirchlicher Verwaltung für die Pflege der französischen Sprache zuständig. In Preußen setzte erst König Friedrich Wilhelm I. gegen Ende seiner Regierung durch, dass Prediger genau wie französische Schulmeister die deutsche Sprache beherrschen mussten.

Die intellektuellen Debatten des französischen Exils wurden maßgeblich von Männern mit theologischer Ausbildung getragen. Unter den Bedingungen des *Refuge* setzten sich manche theologischen und philosophischen Konflikte fort, die bereits unter den Protestanten in Frankreich für Unruhe gesorgt hatten. Häufig aktualisierte man sie im Sinne des *Refuge*, im Blick auf eine mögliche Rückkehr nach Frankreich oder in Bezug auf das Verhältnis von Glauben und Vernunft. So vertrat der Rotterdamer Geistliche Pierre Jurieu streng reformierte, apokalyptische Positionen auf der Grundlage des Alten Testaments: Nach seiner Auffassung war mit einem endzeitlichen Eingreifen Gottes zugunsten der Protestanten Frankreichs für das Jahr 1714 zu rechnen. Sein Gegenspieler Pierre Bayle (1647–1706) forderte aus dem niederländischen Exil dagegen Gewissensfreiheit für alle, sogar für Atheisten.

Bereits vor 1685 hielten auch in Berlin intellektuelle Tendenzen Einzug, die das *Refuge* mit den Debatten der Frühaufklärung verknüpften. Die internationalen Verbindungen hugenottischer Gelehrter sorgten dafür, dass Schriften wie Jacques Abbadies *La vérité de la religion chrétienne* (1684) über die Beziehung von göttlicher Offenbarung und Vernunft zu den meistgelesenen Werken ihrer Zeit avancierten. Gelehrte, Bücher und Debatten verbanden das *Refuge* in Brandenburg-Preußen mit den Niederlanden und England, und sie wirkten auch in die französische Aufklärung hinein: Mit Abbadies Schrift sollten sich noch Voltaire und Diderot (1713–1784) auseinandersetzen. Doch auch die lokalen Obrigkeiten in der Hohenzollernmonarchie bezogen Stellung, wenn etwa die Rechtgläubigkeit einzelner Theologen im Zweifel stand: so bei Jean Barbeyrac (1674–1744), der eine liberale, «universalistische» Form des Reformiertentums vertrat, wie sie einst an der Akademie von Saumur gelehrt worden war. Dies setzte ihn massiven Anfeindungen seitens konservativer Gegner aus. Von einer Einheit des *Refuge* konnte – nicht nur im Fall Barbeyrac – keine Rede sein.

Das intellektuelle und religiöse Spektrum unter den Hugenotten reichte von gelehrten Theologen bis hin zu Laienpredigern, die kaum lesen und schreiben konnten. Letztere gingen hervor aus der religiösen Bewegung der *camisards* in den französischen Cevennen, die Prediger beiderlei Geschlechts, enthusiastische Gotteserlebnisse und biblisch legitimierte Militanz propagierten. Nach der Beendigung des Cevennenkrieges mischten sich ab 1704 ehemalige *camisards* unter die *réfugiés*. Diese «Inspirierten» vertraten ein spirituelles, apokalyptisches und prophetisches Christentum. Während ihrer Trancezustände prophezeiten sie nicht allein den endgültigen Sieg des wahren Glaubens, sondern zugleich etwa den Untergang Londons, des Papsttums oder gar das Ende der Welt. Unter radikalreligiösen Gruppen in England und Mitteleuropa – wie im Umfeld des Pietismus – fanden sie eine gewisse Anhängerschaft, während das Gros der *réfugiés* solche Auffassungen vehement ablehnte.

Auf organisatorischer Ebene waren freilich nicht Endzeitvisionen und inspirierte Laienprediger gefragt, sondern Pragmatiker. Zu ihnen gehörten hugenottische Adelige, die an Fürstenhöfen, in der Diplomatie oder im Militär tätig waren und sich für die Ansiedlung von *réfugiés* einsetzten. Besonders interessant, weil es ein Schlaglicht auf die politischen Handlungsspielräume von Fürstinnen wirft, ist in dieser Hinsicht das Engagement der Hugenottin Éléonore d'Olbreuse (1639–1722), der Gemahlin Georg Wilhelms von Braunschweig-Lüneburg (1624–1705), deren Einfluss den Hof in Celle und die niedersächsischen Welfenterritorien für hugenottische *réfugiés* zu einem attraktiven Ziel machte.

Vergleichbar mit dem literarisch-publizistischen Engagement von Geistlichen und Gelehrten sahen hugenottische Militärs sich als Speerspitze einer Wiederherstellung des Protestantismus in Frankreich. Ähnlich wie manche Pfarrer setzten hochrangige Soldaten ihre Karrieren zwischen Frankreich und dem Exil gelegentlich nahezu ungebrochen fort. Die Integration von Tausenden von Hugenotten in europäische Armeen (sogar katholische Fürsten leisteten sich zeitweilig hugenottische Regimenter) bedeutete nicht allein die Hoffnung, mit engagierten Kriegern einer möglichen Vorherrschaft des Sonnenkönigs in Europa Einhalt zu gebieten. Ebenso wichtig war das mitgebrachte militärische Knowhow, von dem Brandenburg-Preußen und andere Monarchien profitierten.

Das hugenottische *Refuge* ist lange Zeit vorwiegend mit städtischen Gruppen assoziiert worden. Tatsächlich waren viele Hugenotten Stadtbewohner und wählten ihre Siedlungsorte entsprechend. Die Berufe städtischer *réfugiés* waren vielfältig und reichten vom Manufakturunternehmer über unterschiedliche Handwerkszweige bis zum Heimarbeiter. Entgegen anderslautenden Zusagen in landesherrlichen Aufnahmeprivilegien erschwerten allerdings die städtischen Handwerkskorporationen aus Sorge vor unerwünschter Konkurrenz häufig den Hugenotten eine Berufsausübung. Sofern die zünftisch organisierten Handwerker ihre Lebensgrundlage in Gefahr sahen, konnte es zu schriftlichen Protesten kommen, aber auch zu handgreiflichen Aktionen, die bis zur Zerstörung von Geräten (z. B. Webstühlen) oder produzierten Waren reichten. Dahinter stand nicht unbedingt eine diffuse Fremdenfeindlichkeit, die sich gegen alles Französische oder Reformierte richtete, sondern eher die konkrete Angst um das tägliche Auskommen. Wenn sich Zünfte gegen die Zulassung hugenottischer Handwerker sträubten, dann schufen sich diese gelegentlich eigene Vereinigungen, so die Knopfmacher in Berlin. Interessant ist, dass die aus den Niederlanden nach Frankreich zurückkehrenden *réfugiés* zum großen Teil einem städtisch-handwerklichen Milieu angehörten. Offensichtlich spiegeln sich hier besondere Schwierigkeiten bei der Existenzgründung wider.

Der Blick auf hugenottische Handelshäuser und Händlerdynastien erhellt, welch enge Verbindungen weiterhin zwischen Frankreich und dem *Refuge* bestanden. So hatten sich in Hamburg bereits vor 1685 hugenottische Kaufleute niedergelassen. Im 18. Jahrhundert wurden sie zur zahlenmäßig größten Gruppe auswärtiger Händler, auch wenn es sich insgesamt nur um einige hundert Personen handelte. Als Calvinisten in einer lutherischen Stadt nahmen sie schlechte Ansiedlungsbedingungen und politisch-konfessionelle Nachteile in Kauf, weil ihre Geschäfte so erfolgreich liefen. Gottesdienste besuchten sie im benachbarten Altona. Den hugenottischen Kaufleuten gelang es, mittel- und osteuropäische Märkte für koloniale Güter (Zucker, Kaffee, Baumwolle und Farbstoffe) aus dem französischen Überseehandel zu öffnen. Umgekehrt waren sie im Export mitteleuropäischer Produkte (Leinen u. a.) in den atlantischen Raum tätig. Hugenottische Handelshäuser engagierten sich zudem von Hamburg aus maßgeblich im Sklavenhandel – gemeinsam mit ihren Partnern in La Rochelle oder Nantes. Sie knüpften dabei an ältere Überseekontakte und an das hugenottische Engagement im Atlantikgeschäft an. Gleichzeitig unterhielten sie im 18. Jahrhundert noch beste Beziehungen zum Pariser Hof und in die Kolonien.

Gegenüber städtischen Milieus stand das ländliche *Refuge* in Mitteleuropa häufig im Hintergrund. Ein genauerer Blick auf die zahlreichen bäuerlichen Ansiedlungen von Hugenotten etwa in der brandenburgischen Uckermark verdeutlicht, dass für viele von ihnen die Landwirtschaft nur einen Teil- oder Nebenerwerbsbereich darstellte und sie gleichzeitig noch anderen Berufen nachgingen, um zu überleben. Hugenotten engagierten sich in Brandenburg-Preußen und anderswo im Anbau von Flachs und Tabak, in der Seidenherstellung oder in der Produktion von Färbemitteln.

Nicht zu vergessen ist, dass Migrationsvorgänge immer auch soziale Abstiege mit sich brachten und Tausende von entwurzelten Menschen produzierten, die in den Zuwanderungsgebieten monate- oder jahrelang Schwierigkeiten hatten, Fuß zu fassen. Dass dies auch für die Hugenotten gilt, zeigen Almosenrechnungen in Kirchgemeinden, die von denselben Betroffenen teils mehrfach in bestimmten Abständen zum Betteln aufgesucht wurden. Soziale Abstiege lassen sich unter anderem darauf zurückführen, dass unter den Bedingungen von Migration und Exil Familien auseinanderbrechen konnten, weil ein Teil in Frankreich blieb, an einem anderen Zielort endete oder unterwegs starb. Gerade alte oder sehr junge Migranten – etwa allein reisende Jugendliche – waren besonderen Schwierigkeiten beim Neuanfang in der Fremde ausgesetzt.

Das *Refuge* umfasste alle Altersgruppen, Männer ebenso wie Frauen, Familien und Kinder, wenngleich in unterschiedlicher

Proportion. Was für aktuelle Migrationsvorgänge gilt, ist unter anderem auch für Genf ausgangs der achtziger Jahre des 17. Jahrhunderts nachgewiesen worden: Unter den *réfugiés* dominierten häufig jüngere, arbeitsfähige, alleinstehende Männer. Sie konnten sich unterwegs besser schützen und fanden leichter eine Anstellung. Alleinreisende Frauen, die in Genf immerhin ein Fünftel der Migranten ausmachten, bezeichneten sich gelegentlich als Witwen, weil dies ihren Rechtsstatus verbesserte. Unter den Waldensern aus den piemontesischen Alpentälern, die in Frankfurt am Main gezählt wurden, befand sich eine größere Zahl an Familien und alleinstehenden Frauen, deren Männer entweder im Krieg gefallen waren oder sich anderswo angesiedelt hatten.

Auch wenn alleinstehende Frauen oder weibliche Familienoberhäupter im *Refuge* seltener waren als Männer, so hatten sie doch eine besondere Funktion: Unter den Bedingungen des Exils oblag es gerade ihnen, Familienkontakte zu pflegen, Verwandtschaften zu stabilisieren und Sozialbeziehungen zu aktivieren. Für Minderheiten waren (und sind) derartige Loyalitäts- und Hilfsnetze überlebenswichtig. Übrigens gilt auch für die Protestanten des französischen *désert*, dass sich unter bestimmten Bedingungen die Geschlechterrollen veränderten: Wo zuvor noch männlich beherrschte Gemeindestrukturen existiert hatten, verlagerte sich die Glaubensausübung nach 1685 immer stärker in den privaten Bereich und wurde zunehmend von Frauen dominiert, auch weil viele Männer sich für das Exil entschieden hatten. Selbst in dieser Hinsicht zeigt sich, wie eng das hugenottische Exil weiterhin mit Frankreich verbunden blieb.

Reinheit? Sprache, Religion und Kultur des Refuge

Schon lange vor ihrer Auswanderung waren die Hugenotten in Frankreich von ihren Gegnern als Staat im Staat betrachtet worden. Auch ihre Sonderstellung als Minderheit im *Refuge* wurde zum Gegenstand zeitgenössischer und späterer Debatten. In der Forschung galten die Ansiedlungsprivilegien als Versuche der Landesherren (insbesondere der Hohenzollern), ständische

Strukturen des vormodernen Staates entweder aufzubrechen oder durch neue korporative Sonderrechte zu ersetzen. Dem steht entgegen, dass fürstliche Normen und Gesetze nicht unbedingt die Alltagsrealität widerspiegeln. Bei näherem Hinsehen erscheinen nämlich sowohl die Herkunft der hugenottischen Minderheit als auch ihre kulturellen Praktiken weniger eindeutig und determiniert, als man aufgrund von obrigkeitlichen und historiographischen Einlassungen annehmen könnte.

Schon die Vorstellung einer einheitlichen Minderheit der «Hugenotten» oder «Franzosen» in den Aufnahmegebieten entpuppt sich in gewisser Weise als Fiktion. Die Gruppe der *réfugiés* setzte sich aus Süd- und Nordfranzosen zusammen, aus Bewohnern des Languedoc oder Béarn ebenso wie der Dauphiné oder der Normandie. Sie vermischten sich mit Wallonen und «Pfälzern», mit romanischsprachigen Eidgenossen, Waldensern und *Orangeois*. Konflikte entlang landsmannschaftlicher, ständischer, sozioökonomischer und konfessioneller Bruchlinien entluden sich innerhalb der Gemeinden des *Refuge* und machten eine «Binnenintegration» (T. Klingebiel) nötig, die freilich in mancher Hinsicht ein frommer Wunsch blieb. Erst die Bedingungen von Einwanderung und Ansiedlung, so könnte man sagen, ließen längerfristig diese Menschen unterschiedlicher Schichten, Herkunftsregionen, kultureller und sprachlicher Prägungen zu einer Gruppe von «Franzosen» werden, die für Außenstehende und für die Nachwelt homogener wirkte, als sie es tatsächlich war. Die kollektive Identität des *Refuge* und die politisch-kulturellen Einflussmöglichkeiten der Hugenotten beruhten auf genau diesem Bild der Einheitlichkeit und Abgeschlossenheit einer klar definierbaren Gemeinschaft.

Als verbindendes Merkmal der Hugenotten prägte sich eine Eigengeschichte aus, die ihr Selbstbild über lange Zeit – teils bis ins 20. Jahrhundert – prägte. Dies hängt mit der religiösen Dimension zusammen, die dem reformierten Exil selbst zugeschrieben wird. Bereits bei Calvin und Beza finden sich Passagen, in denen Exil als Option propagiert wird, um die spirituelle «Gefangenschaft» (*captivité*) in der Heimat zu verlassen. In dramatischen Fluchtberichten und Geschichtsdarstellungen, die allesamt im *Refuge* publiziert wurden, legitimierten die Autoren das Exil als Ausweis besonderer Standhaftigkeit der Rechtgläubigen. Die teils chaotische Situation der Jahre um 1685 ließ sich auf diese Weise mit historischem Sinn aufladen und für ein hugenottisches – und allgemeinprotestantisches – Publikum didaktisch aufbereiten.

Nicht nur in Brandenburg-Preußen kennzeichnete viele *réfugiés* eine besondere emotionale Nähe zum Herrscherhaus. Diese Haltung war bereits in Frankreich vorgeprägt worden, wo sich Hugenotten lange Zeit als loyale Untertanen der Krone verstanden hatten. Im Exil lag es nunmehr nahe, die Herrscher der Aufnahmeländer und die Gastgebergesellschaften für ihre Hilfe und Mildtätigkeit gegenüber den Glaubensflüchtlingen zu preisen. Dies findet sich in frühen Geschichtsdarstellungen der Hugenotten, etwa beim Oberrichter der französischen Kolonie in Berlin, Charles Ancillon (1659–1715), oder bei Élie Benoist in den Niederlanden. Eine hagiographische Verherrlichung der Aufnahmegesellschaft und ihrer Obrigkeiten diente zugleich der Abgrenzung gegenüber dem katholischen Frankreich und den Erlebnissen während der Migration, die ebenfalls erst unter den Bedingungen des Exils verschriftlicht wurden. Solche Darstellungen waren mehr als eine Dokumentation des Vergangenen, sie waren Teil einer Identitätsbildung im *Refuge*. Man hat es häufig mit avancierten, quellenbasierten Werken zu tun, die teils sogar ausführliche Anmerkungsapparate enthielten (nicht von ungefähr kommt die Bedeutung hugenottischer Autoren bei der Popularisierung der gelehrten Fußnote). Gleichwohl hielten die Verfasser viele Dinge nicht für überlieferungswürdig, die am Mythos des standhaften, protestantischen Glaubensflüchtlings und guten Untertanen hätten Zweifel aufkommen lassen. Dazu gehörten die Schwierigkeiten bei der konfessionellen und sprachlichen Reinerhaltung des *Refuge* ebenso wie Frankreichkontakte und Rückwanderungen.

Angesichts der Heterogenität des *Refuge* ist es kaum überraschend, dass das Zusammenleben innerhalb der Hugenottengemeinden selten konfliktfrei ablief: Streitigkeiten resultierten aus unterschiedlichen sozioökonomischen und regionalen Hintergründen oder religiösen Überzeugungen. Sie entluden sich innerhalb von Kirchgemeinden. Aus Magdeburg etwa sind heftige Auseinandersetzungen zwischen den Familien von Manufakturisten und Geistlichen um den Zugang zu Kirchenbänken überliefert, in die sich schließlich sogar die Behörden einschalteten.

Bei allem Konfliktpotenzial scheinen Hugenotten in den ersten Jahren des *Refuge* oft unter sich geblieben zu sein. Sie heirateten untereinander; ihre Eheverträge regelten die Vermögensverhältnisse der Frauen, deren Brautschatz vom Ehemann treuhänderisch verwaltet wurde und später an die Kinder überging. In der Kommunikation mit Behörden standen Übersetzer und Dolmetscher zur Verfügung; sie selbst pflegten möglichst die französische Sprache. Auch wenn sich Voltaire in der Mitte des 18. Jahrhunderts über das Idiom der Hugenotten mokierte, das er als altmodischen, provinziellen «style réfugié» bezeichnete, konnte jedoch zu seiner Zeit von einer sprachlich-kulturellen Abgeschlossenheit der *Refuge*-Gemeinden immer weniger die Rede sein. Verbindungen existierten nicht allein innerhalb der hugenottischen Diaspora, sondern auch mit dem frankophonen Europa (einschließlich Frankreichs) und ebenso mit den deutschen Nachbarn. Dies zeigt sich nicht allein in der Zunahme gemischter Ehen.

Um die Mitte des 18. Jahrhunderts waren etwa die Institutionen der Berliner Kolonie auch für Außenstehende derart attraktiv geworden, dass sie – schon mangels hugenottischen Nachwuchses – immer stärker von Nichtfranzosen frequentiert wurden. Die Ansiedlung von Hugenotten war zu einer «Kolonie aus Anhängern des reformierten Glaubens» geworden. (S. Jersch-Wenzel). Dies führte dazu, dass gelegentlich sogar katholische Neuankömmlinge zum Calvinismus konvertierten, um von den Koloniestrukturen zu profitieren. Mit der Einführung des preußischen Wahlbürgerrechts konnten sich 1772 alle Neuzuwanderer entscheiden, ob sie sich der preußischen Rechtsprechung oder derjenigen der Hugenottenkolonie unterwerfen wollten; damit löste sich die Kolonie endgültig von ihren französischen Ursprüngen ab. 1809 wurde ihr Sonderstatus im Zuge der preußischen Reformen aufgehoben.

Es mag angesichts der konfessionellen Ausgangslage etwas paradox erscheinen, dass sich das französische Exil im Europa des 18. Jahrhunderts nicht auf Protestanten reduzieren lässt. Schon die Hohenzollern hatten 1685 explizit eine Aufnahme von Katholiken ausgeschlossen, was zumindest auf entsprechenden Regelungsbedarf hindeutet. In den ersten Jahrzehnten nach dem Edikt von Fontainebleau gingen zudem vermehrt französische Konvertiten ins protestantische Ausland. Sie hatten entweder Karrieren als (Ordens-)Geistliche bekleidet oder als Untergrundprotestanten gelebt und eine gewisse konfessionelle Flexibilität an den Tag gelegt – so der Philologe und Bibliothekar Mathurin Veyssière de la Croze (1661–1739), der in Berlin zu einem engen Vertrauten Ezechiel von Spanheims und anderer Gelehrter wurde. In einigen europäischen Territorien durchliefen Konvertiten aufwändige Verfahren der Gewissensprüfung; sie hatten Anspruch auf besondere materielle Versorgung, die ihren Rückfall zum Katholizismus verhindern sollte. Trotzdem schlug ihnen, wie in England, vor allem aus den Reihen der *réfugiés* Misstrauen entgegen; andere interpretierten ihre Einwanderung als Zeichen für den Niedergang des Papsttums.

Die Lebensläufe von Konvertiten deuten auf die konfessionsübergreifende Attraktivität des *Refuge* hin. Manchmal trugen Hugenotten gar selbst zur Migration von Katholiken bei: In Preußen warben Manufakturunternehmer in den vierziger Jahren des 18. Jahrhunderts katholische Seidenweber und Musterzeichner aus der Gegend um Lyon an, während sie einfache Arbeiter aus den Bewohnern des Berliner französischen Waisenhauses rekrutierten. Die Seidenerzeugung finanzierte zeitweilig die Tätigkeit der Berliner Akademie der Wissenschaften, der Hugenottennachfahren ebenso wie französische Aufklärer, Schweizer und Preußen angehörten.

Eine besondere Blüte aufgeklärter Frankophilie in Preußen ist König Friedrich II. (1712–1786) zu verdanken. Ebenso wie andere Monarchen und Adelige der Zeit war er von hugenottischen Erziehern geprägt worden. Friedrich sprach und schrieb sein Leben lang besser Französisch als Deutsch (im Unterschied zu seinem Vater, der kein Interesse am Französischen besessen hatte). Gegenüber dem Präsidenten der Berliner Akademie der Wissenschaften, Jean-Baptiste le Rond d'Alembert (1717–1783), formulierte Friedrich ironisch, er stehe aufgrund des Edikts von Fontainebleau «tief in der Schuld Ludwigs XIV.». Falls dessen Nachfolger sich «diesem erhabenen Beispiel» anschließen und das «Philosophenpack aus seinem Königreich verbannen» wolle, dann würde der König gerne «diese Exulanten barmherzig bei mir aufnehmen» (Œuvres 24, 579 f).

Hier wird bereits deutlich, dass das *Refuge* sich in gewisser Weise überlebt hatte und Friedrich den aufgeklärten *Philosophes* zuneigte. Mit seinem Freund Voltaire teilte der König eine Leidenschaft für die Zeit Ludwigs XIV. und das staatsmännische Handeln des Sonnenkönigs (wenngleich nicht für die konfessionspolitischen Exzesse, die zur Emigration der Hugenotten geführt hatten). Die französischen Aufklärer, die er um seinen Hof scharte, hatten teils einen katholischen Hintergrund oder galten als Atheisten bzw. Deisten, die den Glauben an einen dreieinigen Gott ablehnten. Auch wenn konfessionelle Differenzen generell bei gelehrten Aufklärern an Schärfe verlieren konnten, liegen die Unterschiede zum Selbstbild der Hugenotten, die sich als reformierte Glaubensflüchtlinge begriffen, auf der Hand. Staatspolitisch war Friedrich zwar durchaus an Zuwanderern und an einem guten Verhältnis zu den örtlichen Minderheiten interessiert, doch lehnte er etwa eine Finanzierung von Freikäufen französischer Galeerenhäftlinge ab – selbst wenn seine hugenottischen Untertanen ihn noch so sehr darum baten.

Verbindungen zwischen der Aufklärung und den Hugenotten existierten gleichwohl, nicht nur innerhalb der Berliner Akademie. Der Pfarrer und langjährige Akademiesekretär Jean Henri Samuel Formey (1711–1797) war ein bedeutender Mittelsmann des *Refuge* und gleichzeitig Mitarbeiter an Diderots und d'Alemberts *Encyclopédie*. Er unterhielt einen umfangreichen Briefwechsel mit den Gelehrten seiner Zeit. Diverse Aufklärer korrespondierten mit reformierten Theologen Europas. Naturwissenschaftler wie der Akademieangehörige und Hugenottennachfahre Franz Carl Achard (1753–1821) setzten sich für Technologietransfers aus Westeuropa ein, so im Bereich von Futtermitteln und Farbstoffen und bei der Produktion von Rübenzucker in Preußen. Und auch Voltaire bemühte sich, die Berliner Hugenotten in sein größeres Projekt der Aufklärung einzubinden. Dabei stieß er allerdings nicht nur auf Gegenliebe, weil er die Hugenotten historisch als Störfaktoren der französischen Monarchie betrachtete.

Während die französische Sprache unter den Gelehrten der Berliner Akademie gepflegt wurde, nahm ihre Bedeutung bei den Hugenotten immer weiter ab. Im *Refuge* hatte sich über die Jahre hinweg eine Zweisprachigkeit ausgeprägt, die ausgangs des 18. Jahrhunderts immer stärker zum Deutschen hin tendierte. Die Zunahme gemischter Ehen zwischen Hugenotten und deutschen Reformierten bzw. Lutheranern seit der zweiten *réfugié*-Generation dürfte zu diesem Prozess beigetragen haben. Seit den sechziger Jahren förderte Preußen den Erwerb der deutschen Sprache unter Hugenottennachfahren mit der Begründung, dass deren Französischkenntnisse ohnehin immer schlechter würden. Inwieweit sich die *réfugiés* selbst um die Pflege der französischen Sprache kümmern sollten, war Ende des 18. Jahrhunderts Gegenstand von Debatten. Die Positionen schwankten zwischen der Stärkung eines Elitenbewusstseins und dem Vorwurf eines Patriotismusdefizits. Als kirchliche Kultsprache blieb das Französische dennoch über das 18. Jahrhundert hinaus an einigen Orten erhalten. In der uckermärkischen Hugenottengemeinde Strasburg wechselte die kirchliche Verwaltung in der ersten Hälfte des 19. Jahrhunderts vom Französischen zum Deutschen – im hessischen Friedrichsdorf endgültig erst 1885.

Für das 18. Jahrhundert ließe sich ironisch von einer französischen «Leitkultur» in Europa sprechen – hin und wieder begleitet von Kritik, Spott und antifranzösischen Pamphleten, gelegentlich auch von einer gelehrten «Gallophobie» (J. Häseler). Zur Popularität Frankreichs leisteten die Hugenotten zweifellos ihren Beitrag, doch sie waren nicht allein. Die Berliner Franzosen in der zweiten Hälfte des 18. Jahrhunderts hatten kaum noch etwas gemeinsam mit den Hugenotten des französischen Herrschaftsbereichs, die seit dem 16. Jahrhundert um Anerkennung gerungen hatten. «Franzose» war unter den Bedingungen des Exils (nicht nur) in Deutschland von Beginn an eine Mischbezeichnung gewesen. Gemeinsamer Nenner war und blieb nunmehr eine Abstammung aus dem frankophonen Europa. Demgegenüber verblassten die hugenottischen Traditionen des Exils und des Reformiertentums immer mehr.

6. Diasporakulturen: Europa und die Welt

Immer wieder äußerten *réfugiés* den Wunsch, bei einer Änderung der konfessionspolitischen Verhältnisse rasch nach Frankreich zurückzukehren. Mit den Friedensschlüssen von Rijswijk (1697) und Utrecht (1713) sahen sie sich allerdings enttäuscht. Das politische Arrangement Frankreichs mit den Habsburgern und Großbritannien stabilisierte die Situation in der Monarchie des Sonnenkönigs, und französische Gesetze bekräftigten das Verbot des Protestantismus. Wenig deutete darauf hin, dass sich die Lage der französischen Reformierten bald zum Besseren wenden würde. So begannen immer mehr Hugenotten, sich auf ein dauerhaftes Leben im Exil einzustellen: freilich ohne sich gleich von ihrer mitgebrachten Kultur zu verabschieden. Zum Erhalt hugenottischer Identität dienten Exilgemeinschaften wie die französischen Viertel, Kolonien und Kirchgemeinden an den Siedlungsorten, aber auch die europäische und weltweite Diaspora.

Der Begriff Diaspora bezieht sich ursprünglich auf das Judentum, das sich seit biblischer Zeit über die Welt verbreitete und dabei nicht in den Aufnahmegesellschaften aufging, sondern an religiösen und kulturellen Traditionen festhielt, die oft auf traumatischen Vertreibungserfahrungen beruhten. Heutzutage meint Diaspora ganz unterschiedliche grenzüberschreitende Gemeinschaften der Vormoderne und Moderne, etwa Armenier, Chinesen, Iren oder sephardische Juden. Mitunter verbindet sich Diaspora mit bestimmten Berufen, etwa bei Kaufleuten.

Zu den Kennzeichen einer Diaspora gehören üblicherweise erstens die Migration in unterschiedliche, teils weit voneinander entfernte Zielgebiete; zweitens sprachlich-kulturelle Übereinstimmungen, die auch zur Abgrenzung gegenüber den Aufnahmegesellschaften dienen; drittens verwandtschaftlich-freundschaftliche Kontakte über größere Distanzen hinweg; viertens schließlich eine innerhalb der Gruppe geteilte Vergangenheit. Damit ist das Festhalten an identitätsstiftenden Traditionen und Mythen gemeint wie die Idealisierung eines (realen oder imaginierten) Heimatlandes.

Man muss sich angesichts der Vielfalt im hugenottischen *Refuge* sicherlich davor hüten, Diasporaphänomene zu verabsolutieren: Unterschiede in Sprache und Gewohnheiten oder den sozioökonomischen Verhältnissen lassen sich kaum übersehen, und die Zeitgenossen haben ohnehin nicht von Diaspora gesprochen. Gerade die grenzüberschreitende Dimension des *Refuge*, das sich Kategorien von Sesshaftigkeit und neuzeitlicher Nationalstaatlichkeit zu einem gewissen Grad entzieht, macht es jedoch sinnvoll, auch die Gemeinschaft der Hugenotten als Diaspora zu begreifen. Dies ist der Hintergrund des vorliegenden Kapitels, das sich den europäischen und weltweiten Dimensionen des *Refuge* widmet.

Zufluchten: Hugenotten in Übersee vor 1685

Seit dem 16. Jahrhundert hegten viele Hugenotten den Wunsch nach einer Zuflucht in Zeiten der Unsicherheit. Er verband sich mit den kolonialen Ambitionen Frankreichs, in die vorwiegend die (mehrheitlich protestantischen) Bewohner der Atlantikküste involviert waren. Insofern war die französische Expansionspolitik in gewisser Weise ein hugenottisches Projekt, zeitweilig angeführt von Admiral Coligny, der sein Leben in der Bartholomäusnacht verlieren sollte. Verglichen mit der iberischen Expansion nahm sich indes die koloniale Aktivität Frankreichs zunächst recht bescheiden aus: Unter maßgeblicher Beteiligung von Hugenotten entstand im Jahr 1555 in der Bucht von Rio de Janeiro die Kolonie *France Antarctique*. Sie existierte nur wenige Jahre, bevor sie an Portugal fiel. Ein ähnliches Schicksal erfuhr die 1562 begründete Ansiedlung französischer Protestanten in Florida, die drei Jahre später von der spanischen Konkurrenz ausradiert wurde: Das Massaker von Matanzas forderte mehrere hundert Tote.

Was von diesen hugenottischen Kolonialabenteuern blieb, waren ethnologische Berichte wie von Jean de Léry (um 1536-um 1613), der Nachrichten über südamerikanische Kannibalen nach Frankreich und Europa brachte. Léry beschrieb bereits in Ansätzen die Figur des «edlen Wilden», wie sie in der Zeit der Aufklärung populär werden sollte. Er tat dies allerdings in kontroverstheologischer Absicht: Seine protestantischen Leser assoziierten den Kannibalismus der Ureinwohner nämlich mit der Kommunionspraxis der Katholiken, bei denen – im Unterschied zum reformierten Abendmahl als Erinnerungsmahl – jeden Sonntag quasi der Leib des Herrn verspeist wurde.

Schon seit der Regierungszeit Heinrichs IV. bemühte sich die französische Monarchie immer aktiver um eine Expansion des Katholizismus nach Übersee. Gleichwohl stammten weiterhin bedeutende Figuren französischer Kolonialaktivität aus protestantischen Familien, etwa im heutigen Kanada. Zu ihnen gehörten die ersten Siedler der französischen Kolonie Akadien auf dem Gebiet der Provinz Nova Scotia; auch der Gründer und Gouverneur von *Nouvelle France*, Samuel de Champlain (1574–1635), war protestantisch getauft. Hugenottischer Herkunft waren viele Kaufleute und Fischer und sogar noch einige der insgesamt 800 sogenannten *Filles du Roi*, die unter Ludwig XIV. in den sechziger Jahren des 17. Jahrhunderts nach Nordamerika geschickt wurden, um dort den Mangel an europäischen Frauen zu beheben.

Nach dem Fall von La Rochelle 1628 hatte Kardinal Richelieu den Hugenotten zwar explizit eine Emigration in die Neue Welt verboten. Dies änderte jedoch wenig daran, dass die Atlantikstädte Nantes und La Rochelle dank ihrer oft hugenottischen Kaufleute im 17. und 18. Jahrhundert weiterhin wichtige Zentren transatlantischer Wirtschaftsbeziehungen und auch des französischen Sklavenhandels blieben.

Mit kolonialen Bestrebungen und wirtschaftlichen Kontakten hing zusammen, dass sich trotz aller Einschränkungen hugenottischer Glaubensausübung auf dem Festland immer neue Wirkungsmöglichkeiten in Übersee boten, etwa in der Karibik. Die Inseln Saint-Christophe und Martinique waren erst lange nach dem Edikt von Nantes französisch geworden, weshalb dort der Protestantismus offiziell gar nicht existierte. Tatsächlich siedelten sich dort bald Hugenotten in erklecklicher Anzahl an und übernahmen auch höhere Verwaltungsposten. Von Saint-Christophe aus eroberte sogar ein militärisches Kontingent unter François le Vasseur (gest. 1652) die kleine Insel Tortuga vor der Küste Hispaniolas, wo sich für etwa zehn Jahre eine autokratisch geführte hugenottische «Kolonie» bildete, deren Bewohner von Einkünften aus der Seeräuberei lebten und Katholiken verfolgten. Von diesem kurzlebigen hugenottischen Piratenstaat bekam man in Paris nichts mit.

Durchaus bekannt war dagegen in Frankreich die besondere Beziehung hugenottischer Händler, Unternehmer und Abenteurer in die französischen Überseekolonien. Noch um das Jahr 1685, als sich auf Martinique und anderswo in der französischen Karibik faktisch längst eine Form interkonfessionellen Miteinanders ausgeprägt hatte, fürchtete der jesuitische Autor einer Denkschrift über die *Huguenots de l'Amerique*, dass sich angesichts des konfessionellen Drucks in Europa immer mehr Hugenotten in die Überseegebiete aufmachen könnten, wo sie dann als Spione Englands oder der Niederlande agieren würden. Ein halbes Jahr nach dem Edikt von Fontainebleau wurde auch auf Martinique die protestantische Glaubensausübung explizit untersagt. Hugenottische Familien verließen die Insel und zogen nun nach Jamaika, Boston und New Rochelle (heute ein Vorort von New York, dessen Gründung auf Einwanderer aus der französischen Atlantikfestung zurückgeführt wird). In Martinique jedoch kamen schon bald neue Hugenotten an – diesmal offiziell als *nouveaux convertis*: Nunmehr dienten nämlich die französischen Antilleninseln als Ziele für Deportationen hugenottischer Südfranzosen, sofern sich jene nicht auf den berüchtigten Galeeren einsetzen ließen.

Auch wenn in den französischen Überseegebieten teils strikte antiprotestantische Regelungen galten, hatte sich dort bereits im 17. Jahrhundert eine «Umgangsökumene» (W. Frijhoff) zwischen Protestanten und Katholiken etabliert, die zur selben Zeit in Frankreich immer seltener zu finden war. Dies machte die Attraktivität solcher Territorien aus. Auch der Wunsch vieler Protestanten nach Sicherheit und freier Glaubensausübung, der sich in zeitgenössischen Gesellschaftsutopien ausdrückte, spielte eine Rolle. Paradoxerweise konnten Hugenotten sich außerhalb Europas in Sicherheit vor katholischen Übergriffen fühlen und sich gleichzeitig als loyale Untertanen ihres Königs beweisen. Das Wissen über diese Weltgegenden entnahm man zeitgenössischen landeskundlichen Schriften und Reiseführern hugenottischer Autoren wie Charles de Rocheforts (1605–1683) *Historie naturelle et morale des îles Antilles* (1681), publiziert nicht in Frankreich, sondern bereits im Exil in Rotterdam.

Unter den Bedingungen des *Refuge* schien zwar ein Großteil der Hugenotten in ihren europäischen Zufluchtsländern auf eine Verbesserung der Situation in der Heimat zu warten, weshalb sich viele Emigranten nur zögerlich einer neuen Obrigkeit verpflichten oder gar Europa verlassen wollten. Angesichts der kolonialen Verbindungen von Hugenotten kursierten jedoch auch andere Auffassungen. Eine solche vertrat im Jahr 1689 der Adelige Henri Duquesne (1652–1722), der im Indischen Ozean eine «Insel Eden» finden wollte, und zwar auf der *Île Bourbon*, dem heutigen Réunion, das seit 1642 französisch war. Duquesne hatte sein Wissen aus Reiseberichten und zeitgenössischen Utopien gewonnen. Ihm schwebte eine aristokratische, hugenottische Inselgesellschaft vor, fern von Frankreich und Europa. Zwar sollte er selbst nie in den Indischen Ozean gelangen, wohl aber sein Bekannter, der Abenteurer François Leguat (1637/39–1735), der sich mit einigen Mitstreitern dorthin aufmachte. Die Gruppe strandete jedoch auf der unbewohnten Insel Rodrigues und kehrte nach einem mehrjährigen Kolonisationsversuch nach Europa zurück. Leguat schrieb einen Bericht über seine Erlebnisse, der sich – kaum verwunderlich – von den utopischen Ideen Duquesnes recht drastisch unterschied.

In Zeiten von Inselsehnsucht und Abenteuerlust im Europa des frühen 18. Jahrhunderts wurde Leguats Buch zu einem großen Publikumserfolg und unmittelbar nach Erscheinen in verschiedene Sprachen übersetzt. Auf Deutsch erhielt es den Titel *Der frantzösische Robinson*.

Diese Episode zeigt, dass die kolonialen Interessen und Ambitionen der Hugenotten nicht auf die westliche Hemisphäre beschränkt blieben und dass sie weder mit dem Jahr 1685 begannen noch endeten. Auf dem asiatischen Kontinent waren Hugenotten bereits im 17. Jahrhundert aktiv. Mit Hilfe der niederländischen und englischen Ostindienkompanien gelangten später auch *réfugiés* nach Asien. Hugenottisches Personal und Kapital waren sogar noch im 18. Jahrhundert prominent in der französischen Ostindienkompanie vertreten, die von Paris aus agierte. Im Exil verfügten Familien wie die in der preußischen Exklave Neuchâtel wohnhaften Pourtalès über weitverzweigte verwandtschaftliche und kommerzielle Verbindungen. Sie reichten vom nordamerikanischen Philadelphia über die Schweiz und Konstantinopel bis ins indische Pondichéry (heute: Puducherry).

Zuvor hatten bereits Reisende wie Jean-Baptiste Tavernier (1605–1689) aus Indien oder Jean Chardin (1643–1713) aus Persien berichtet. Chardin prägte das Orientbild zahlreicher französischer, nicht nur protestantischer Autoren – von Antoine Galland (1646–1715) über Montesquieu (1689–1755) bis Voltaire. Durch Nachdrucke und Übersetzungen befruchtete die hugenottische Reiseliteratur die Gelehrtenwelt in der Diaspora und darüber hinaus.

Siedlungsräume: Die Diaspora der Hugenotten in Europa seit 1700

Dass sich Hugenotten nicht erst 1685 über Europa zu verbreiten begannen, ist bereits angesprochen worden. Als die Auswanderungen in den achtziger Jahren zunahmen, orientierten sich die *réfugiés* vorwiegend in Richtung der Nachbargebiete Frankreichs, zu denen soziale und geschäftliche Beziehungen bestanden, wo vielleicht bereits Hugenotten lebten und wo man den reformierten Glauben akzeptierte. Neben dem Römisch-Deutschen Reich (rund 40000 Personen) wurden England/Großbritannien (ca. 40000–50000) und die Niederlande (in ähnlichem Umfang) zu Hauptzielen der Migranten. Angesichts der kolonialen Ambitionen beider Länder ausgangs des 17. Jahrhunderts schloss die Emigration in die Niederlande und nach England bald auch deren überseeische Besitzungen mit ein.

England und die Niederlande wurden seit 1689 in Personalunion von Wilhelm III. (zunächst gemeinsam mit seiner Frau Maria) regiert. Sie befanden sich die meiste Zeit in klarer Opposition zu Frankreich oder gar im Krieg mit dem Sonnenkönig. Insofern überrascht es nicht, dass sich viele hugenottische Adelige und Militärs in die Dienste Englands und der Niederlande begaben und in deren Armeen Karriere machten. Hugenottische Soldaten waren nicht nur erklärte Feinde Ludwigs XIV., sondern sie leisteten auch einen wichtigen Beitrag zur Modernisierung des Kriegswesens, zur Etablierung stehender Heere und angesichts ihrer grenzüberschreitenden Kontakte zur Stabilisierung der hugenottischen Diaspora.

Wilhelm III. betrachtete sich nach dem Sturz des katholischen Jakob II. in der unblutigen *Glorious Revolution* als oberster Verteidiger des Protestantismus in Europa. Die Hugenotten kamen seiner Politik insofern zupass, als sich der König mit ihnen überzeugend als Schützer der Verfolgten positionieren konnte. Mit Wilhelms niederländischer Invasionsflotte, die 1688 angeblich nur dank eines sprichwörtlichen «protestantischen Windes» die englische Küste erreichte, kamen zahlreiche Hugenotten auf die Insel.

In England waren seit der Zeit der Dragonnaden vielerorts neue hugenottische Kirchgemeinden entstanden, ohne dass man sie mit weltlichen Sonderrechten ausgestattet hätte. Abermals zog die Stadt London viele Händler, Handwerker und Gewerbetreibende an. In einigen kunsthandwerklichen und textilgewerblichen Bereichen sowie im Geld- und Bankenwesen war eine hugenottische Dominanz augenfällig. In England besaßen *réfugiés* seit 1681 die Möglichkeit zur *denization*, was eine weitgehende – auch steuerliche – Gleichstellung mit naturalisierten Engländern, Niederlassungsfreiheit sowie freie Glaubens- und Berufsausübung bedeutete. In der Öffentlichkeit waren publizistische Debatten über Nutzen und Gefahren der Einwanderung gleichwohl an der Tagesordnung. Einer der wichtigsten Befürworter von Immigration war der Journalist und Satiriker Daniel Defoe (1660–1731).

Bei allen politischen Freiheiten sahen sich die Hugenottengemeinden dem Drängen anglikanischer Bischöfe und Politiker ausgesetzt, ihre Dogmen und Riten an die *Church of England* anzupassen und sich von ihrer französischen Kirchenorganisation zu verabschieden. Bereits 1675/6 hatte König Karl II. die anglikanisch-französische Savoy-Kongregation eingerichtet, die dem Bischof von London unterstand und in der das *Book of Common Prayer* auf Französisch galt, genau wie auf den französischsprachigen Kanalinseln. Damit bestand eine wichtige Verbindung zwischen Hugenotten und Anglikanischer Kirche, die sich in der Folge auch auf Neuankömmlinge auswirkte. Dem Wunsch nach einem Übertritt zur englischen Bischofskirche kamen allerdings viele Gemeinden nicht nach, so dass in der Folge anglikanische und nonkonformistische Hugenottenkirchen nebeneinander existierten. Die durch die *Whig*-Regierung veranlasste Naturalisierung von Zuwanderern im Jahr 1709 richtete sich denn auch nur an Hugenotten, die bereit waren, das Abendmahl nach anglikanischem Ritus einzunehmen und einen Treueeid auf die Monarchie zu schwören. Das Naturalisierungsgesetz wurde bereits nach kurzer Zeit wieder zurückgenommen.

Auch der englische Kampf um Irland 1690 fand mit maßgeblicher Unterstützung der Hugenotten statt. Hervorzuheben ist der Marschall Friedrich Hermann von Schomberg (1615–1690), ein gebürtiger Pfälzer, der sowohl in Frankreich als auch in England naturalisiert worden war. Als er sich in den Dienst Wilhelms III. stellte, konnte Schomberg auf eine bemerkenswerte europäische Karriere zurückblicken. Er hatte im Dreißigjährigen Krieg unter Bernhard von Weimar (1604–1639) gekämpft, später in Frankreich mit Turenne, er hatte in den

Diensten Portugals, Englands, der Niederlande und Kurbrandenburgs gestanden und sich allenthalben den Ruf erworben,
der beste Feldherr seiner Zeit zu sein. Dank Schombergs hugenottischer Truppen und der aktuellen Bündniskonstellation
wurde der Kampf Wilhelms III. in Irland gegen die Invasionsar-
mee seines katholischen Vorgängers Jakob II. zum Stellvertre-
terkrieg der Hugenotten gegen Ludwig XIV. Trotz Schombergs
Tod in der Schlacht am Boyne lag das Glück aufseiten Wilhelms, der bald darauf mit Hilfe der Hugenotten eine protestantische «Kolonisierung» der Grünen Insel in Angriff nahm.

Irland war ein besonderes Ansiedlungsgebiet, weil man
hoffte, dort mit Hilfe der Hugenotten das protestantische Ele-
ment gegenüber den ansässigen Katholiken zu stärken. Bereits
in den sechziger Jahren des 17. Jahrhunderts hatte es entsprechende Werbemaßnahmen gegeben, auch wenn Irland als unat-
traktives Ziel galt. Nach der Schlacht am Boyne wurden adelige
Militärs auf der Insel etabliert und stiegen dort in hohe Ämter
auf wie Henri Massue de Ruvigny (1648–1720), der zum Baron
Portarlington, Viscount Galway und schließlich zum englischen
Vizekönig erhoben wurde. Die Regierung bot hugenottischen
Siedlern große rechtliche und religiöse Zugeständnisse, auch
weil man sie bei einer möglichen Invasion der Insel für nützlich
zur Abwehr der Katholiken vom Kontinent hielt. Insgesamt entschieden sich rund 5000 *réfugiés* für ein Leben in Irland und siedelten sich neben Dublin vor allem in Portarlington an.

Anders als in Großbritannien und in den mehrheitlich lutherischen Territorien des Reiches dominierte in den Niederlanden
ein Reformiertentum, das weitgehend mit dem Glauben der
Hugenotten übereinstimmte. Hier existierte bereits eine fran-
zösischsprachige Gemeindestruktur, als sich seit der zweiten
Hälfte des 17. Jahrhunderts immer mehr *réfugiés* dorthin orientierten. Kirchlich ordneten sich die meisten von ihnen der bestehenden Wallonischen Synode unter; persönlich bevorzugten sie
wallonische Gottesdienste in französischer Sprache.

Im Verbund mit dem Druck- und Kapitalstandort London
wurden niederländische Städte wie Amsterdam und Rotterdam
zu Zentren der hugenottischen Diaspora. Abgesehen von zahl-

reichen Textilunternehmern und Handwerkern ließen sich hier viele Buchhändler nieder, die den protestantischen Druckmarkt Frankreichs ins *Refuge* verlagerten. Auch wenn sich die *réfugiés* zunächst angesichts der massiven Konkurrenz offenbar schwertaten, ihre Geschäfte zum Laufen zu bringen, versorgten Drucker, Händler und Autoren aus den Niederlanden bald die Hugenotten in aller Welt mit kurzen Nachrichten, Polemiken, gelehrten Abhandlungen, Geschichtsdarstellungen und periodischen Zeitschriften. Manche Werke gingen per Schiff nach Frankreich und wurden von Rouen entlang der Seine weiterverteilt. So erreichten sie ein französisches Lesepublikum (nicht nur) von Untergrundprotestanten, das einige Autoren explizit ansprachen.

Die große Zahl an hugenottischen Geistlichen und Universitätsgelehrten in den Niederlanden schuf eine besonders lebendige und vielfältige Intellektuellenkultur mit brieflichen und persönlichen Kontakten in die europäische Diaspora und über die hugenottische Gelehrtenwelt hinaus. Enge Kontakte bestanden nicht allein nach London, sondern etwa auch nach Berlin und an andere Orte. Für den grenzüberschreitenden Austausch, die Formierung und den Erhalt hugenottischer Traditionen, aber auch für die Pluralität der Debattenkultur im *Refuge* war die niederländische Hugenottenszene von eminenter Bedeutung.

Die hugenottische Diaspora innerhalb Europas zeichnete sich geographisch durch große Vielfalt aus. So waren die skandinavischen Länder bereits vor 1685 zum Ziel französischsprachiger Reformierter geworden, etwa durch den Einfluss des wallonischen Unternehmers Louis de Geer (1587–1652). Ende des 17. Jahrhunderts zeigten sich auch nordeuropäische Fürstenhöfe interessiert an nützlichen Neuankömmlingen. Die dänische Königin Charlotte Amalie (1650–1714) war die Schwester der Landgräfin von Hessen-Kassel, wo sich bereits viele Hugenotten niedergelassen hatten. Trotz ihrer Heirat mit einem Lutheraner hielt sie am reformierten Glauben fest und setzte sich für eine Immigration von Hugenotten in Dänemark ein. Dort erhielten *réfugiés* zwar weitreichende wirtschaftliche Ansiedlungserleichterungen, doch in konfessionellen Dingen blieb die Monarchie restriktiv. Die lutherische Geistlichkeit behielt die Kontrolle über die Zuwanderer, denen – außer in Kopenhagen und Fredericia – keine öffentliche Glaubensausübung zugestanden wurde. Weder Dänemark noch Schweden, wo sich ebenfalls kleinere hugenottische Gemeinschaften bildeten, entwickelten sich zu bevorzugten Zielgebieten für französische Reformierte.

Selbst im damals eher abgeschiedenen Zarenreich bestand Interesse an den Hugenotten. Die Öffnung Russlands nach Westen unter Peter I. (1672–1725) führte dazu, dass sich auch in Moskau und St. Petersburg eine kleinere Zahl hugenottischer Eliten – Militärs, Manufakturunternehmer und (Kunst-) Handwerker – niederließ. Sie standen meist in Verbindung zum Hof.

Und nicht einmal am muslimischen Osmanenhof gingen die Schicksale der Hugenotten spurlos vorüber. In Konstantinopel hatte man bereits angesichts der Bartholomäusnacht 1572 großes Entsetzen über den Umgang mit den Hugenotten zum Ausdruck gebracht. Im 17. Jahrhundert hatten die oppositionellen Reformierten von Frankreich aus – vergeblich – ihre Fühler zum Sultan ausgestreckt. Später hofften die *inspirés* aus den Cevennen um Elie Marion (1678–1713) auf die Osmanen als Unterstützer gegen das Papsttum und reisten 1713 an die Pforte, wo sich bereits seit längerem einige Kaufleute und Konsuln hugenottischer Abstammung in englischen und niederländischen Diensten aufhielten. Während der sogenannten Tulpenzeit unter Sultan Ahmed III. (1673–1736) kursierten gar Pläne, mit Hilfe hugenottischer Offiziere das osmanische Militär zu modernisieren und reformierte Franzosen im Fürstentum Moldau anzusiedeln. Auch wenn daraus nichts wurde, zeigt dies doch die Spannweite der hugenottischen Diaspora: In einer Zeit innereuropäischer Spaltungen konnte selbst das Osmanische Reich zu einem Hoffnungsort europäischer Protestanten werden.

Was hielt die Diaspora der Hugenotten zusammen? Zweifellos das Engagement hugenottischer Mittelsleute bei Ansiedlung und Austausch, außerdem Publikationen, Briefnetzwerke, gelehrte Kontakte und Reisen. Von besonderer Bedeutung war jedoch die Kommunikation und Kooperation in finanziellen Dingen.

Geldsammlungen zur Versorgung von Gemeinden im *Refuge* sind oben bereits angesprochen worden. Solche Kollekten dienten gleichzeitig dem Zusammenhalt in der Diaspora und einer grenzüberschreitenden Solidarität der hugenottischen Minderheit. In wirtschaftlicher Hinsicht war gerade England das bevorzugte Ziel für Spendensammler vom Kontinent. Wichtig als Organisatoren von Kollekten und zugleich als Anlaufstellen, Informanten und Vermittler waren hochrangige Politiker oder Geistliche wie der Bischof von London.

Ein Beispiel für die Solidarität innerhalb des *Refuge* waren Geldsammlungen zur Befreiung protestantischer Galeerenhäftlinge, die unter schwierigsten Bedingungen auf den Kriegsschiffen Ludwigs XIV. ihren Dienst taten, weil sie beim Versuch der Ausreise aus Frankreich verhaftet worden waren. Mit Hilfe gezielter Propaganda wie Bittschriften, Spendenappellen und Gefangenenberichten setzten sich Geistliche, Philanthropen und Regierungen für ihre Befreiung ein. Die Initiative lag dabei in der Hand von *réfugiés* wie Jacques de Barjac, Marquis von Rochegude (1654–1718), der bei den britisch-französischen Friedensverhandlungen in Utrecht 1713 für die *galériens* eintrat. Gegen Lösegeld oder durch den Einsatz von Diplomaten erlangten einige von ihnen die Freiheit und zogen in die Länder des *Refuge* weiter. Der Loskauf protestantischer Galeerensklaven ähnelte der Befreiung christlicher Gefangener aus den Händen muslimischer Korsaren, wie sie im Mittelmeerraum seit langem praktiziert wurde. Für Frankreich eröffnete sich ironischerweise hier sogar eine Einnahmequelle, die illustriert, dass sich mit der Katholisierung der Monarchie auch Geld verdienen ließ. Innerhalb der Diaspora stärkte der Einsatz für die Galeerensklaven die Solidarität der Hugenotten untereinander.

Häufig engagierten sich Diplomaten im Namen ihrer Fürsten für die Unterstützung von *réfugiés*: Sowohl der britische Gesandte in Berlin als auch sein preußischer Amtskollege in London betrieben engagierte Lobbyarbeit und setzten sich für Geldsammlungen ein. Von den Kollekten profitierten dann nicht

allein die Migranten, sondern auch Staaten, die selbst weniger
öffentliche Gelder für die *réfugiés* bereitstellen mussten. Das
wirtschaftliche Gefälle zwischen England und dem Kontinent
sorgte für hohe Gewinne, wenn Londoner Spenden auf dem
Kontinent verwendet wurden. So verteilte man etwa den Erlös
einer Kollekte zugunsten der Waldenser im Jahr 1699/1700 auf
unterschiedliche Zufluchtsländer. Einiges Geld floss nach Brandenburg-Preußen, das dort aufgrund des Wechselkurses das
Fünffache einbrachte. Ein paar Jahre später wurde es für England zur Prestigeangelegenheit, auch die reformierten *Orangeois*
im Ausland zu unterstützen: Die Einwohner des südfranzösischen Fürstentums Orange waren im Jahr 1703 ausgewie-
sen worden, nachdem Ludwig XIV. das Territorium annektiert
hatte, das bisher dem Oranier und englischen König Wilhelm III.
gehört hatte. Doch auch Friedrich I., seit 1701 nicht mehr nur
brandenburgischer Kurfürst, sondern König in Preußen, betrachtete sich als legitimer Erbe des Fürstentums. In Berlin richtete man mit Hilfe englischen Geldes die sogenannte *Maison
d'Orange* ein, deren finanzielle Oberaufsicht beim britischen
Gesandten verblieb, was wiederum von preußischer Seite arg-
wöhnisch beäugt wurde. Für England bot die Versorgung der
Orangeois in Berlin eine ausgezeichnete Gelegenheit, seine
Schutzmachtpolitik auf den Kontinent auszudehnen. Warum
Engländer jedoch für Flüchtlinge in Brandenburg-Preußen spen-
deten, kann nur vermutet werden: Neben den Appellen zur
Mildtätigkeit gegenüber verfolgten Protestanten in den Predigten anglikanischer Geistlicher scheint auch die Hoffnung mitge-
schwungen zu haben, eine Versorgung der Migranten auf dem
fernen Kontinent sei kostengünstiger als die Folgen ihrer möglichen Einwanderung auf die Insel.

Kollaborationen im Bereich der Hugenottenversorgung scheinen in eine fernere Zukunft zu weisen, denn sie illustrieren
unter vormodernen Bedingungen die Möglichkeiten überstaat-
lichen Handelns. Nicht nur die hugenottische Diaspora funk-
tionierte grenzüberschreitend – auch die Solidarität zugunsten
Verfolgter etablierte sich entlang eines internationalen Protestantismus. Das *Refuge* erforderte und beeinflusste die Zusam-

menarbeit europäischer Monarchien. Ähnlich wie humanitäre Hilfsaktionen späterer Zeiten waren solche Kooperationen allerdings selten frei von partikularen Interessen.

Die globale Diaspora der Hugenotten seit 1700

Nicht viele Menschen des 17. Jahrhunderts waren grundsätzlich bereit, nach Übersee auszuwandern. Die hugenottischen *refugiés* scheinen den englischen und niederländischen Handelskompanien daher gerade recht gekommen zu sein, um sie als Siedler fern von Europa einzusetzen. Diese Menschen ließen sich mit der Aussicht auf religiöse und wirtschaftliche Möglichkeiten mitunter leichter als andere zu einer Überfahrt bewegen.

Für die europäische Expansions- und Kolonialpolitik des 17. und 18. Jahrhunderts gelten (neben französischen, dänischen und anderen Aktivitäten) die niederländischen und englischen Unternehmungen als zentral. Insofern überrascht es nicht, dass die globale Ausdehnung des *Refuge* die entsprechenden Überseegebiete einschloss: von der niederländischen Karibik über die Kapkolonie bis nach Südostasien und von den englischen Kolonien an der Ostküste Nordamerikas vereinzelt bis auf den indischen Subkontinent.

Bereits vor 1685 hatten sich Hugenotten in englischen und niederländischen Handelskompanien engagiert: François Caron (1600–1673) hatte in der *Vereenigde Oostindische Compagnie* (VOC) der Niederlande Karriere gemacht, bevor er Direktor der *Compagnie française pour le commerce des Indes orientales* wurde. Und auch die Gründergeneration des niederländischen Stützpunktes Neu-Amsterdam an der Südspitze der Insel Manhattan (das im Tausch gegen eine Molukkeninsel an England ging und heute unter dem Namen New York bekannt ist) bestand zu einem Großteil aus französischsprachigen Wallonen des ersten *Refuge*.

Seit den achtziger Jahren stieg die Zahl der Hugenotten in niederländischen Überseegebieten deutlich an. Ab 1683 ließen sich in der Zuckerkolonie Surinam auf Betreiben ihres Gouverneurs, der mit einer Hugenottin verheiratet war, mehrere hundert *réfugiés* nieder, die dort zu Beginn des 18. Jahrhunderts rund ein Fünftel der kolonialen Bevölkerung stellten. Sie dienten nicht allein der wirtschaftlichen Ausbeutung der Kolonie, sondern auch als Schutz gegenüber der indigenen Bevölkerung und gegenüber politischen Avancen benachbarter Kolonialmächte, insbesondere Frankreichs.

Die von der niederländischen Ostindienkompanie angelegte Kolonie am südafrikanischen Kap der Guten Hoffnung, die als wichtiger Stützpunkt auf dem Weg nach Asien diente, öffnete sich 1685 für die Ansiedlung von Hugenotten. *Réfugiés* erhielten eine kostenlose Überfahrt und Land zur Verfügung gestellt, wenn sie sich der VOC für mindestens fünf Jahre verpflichteten. Rund 200 Menschen siedelten sich ausgangs der achtziger Jahre hier an und dominierten fortan die Landwirtschaft und vor allem den Weinbau. Im Lauf des 18. Jahrhunderts vermischten sie sich immer stärker mit niederländischen Siedlern. Den Gebrauch der französischen Sprache schränkte die VOC als lokale Obrigkeit bald ein, doch hugenottische Gründungstraditionen pflegte die weiße Bevölkerung Südafrikas über Jahrhunderte.

Innerhalb der Militär- und Verwaltungsstrukturen der VOC spielten Hugenotten verschiedentlich eine Rolle, selbst im Hauptquartier in Batavia (Djakarta). Laurent Garcin (1683–1752) etwa, dessen Familie einst in die Schweiz ausgewandert war, bereiste als Arzt auf einem niederländischen Schiff nahezu das gesamte asiatische Imperium der Ostindienkompanie von Bengalen über Ceylon bis zu den Molukken. Dort sammelte und erforschte er exotische Pflanzen. Seine Zuarbeit diente dem schwedischen Botaniker Carl von Linné (1707–1778) als Baustein für dessen revolutionäres Klassifizierungssystem.

Neben den niederländischen Kolonialgebieten waren vor allem die Unternehmungen des entstehenden *British Empire* maßgebend für eine Ausbreitung der Hugenotten. Dies gilt nicht allein für deren Ansiedlungen in Irland, das von der Londoner Zentrale gelegentlich als unzivilisierte Überseekolonie betrachtet wurde, oder für die Stützpunkte der *Levant Company*

im Mittelmeerraum wie Livorno, wo sich hugenottische Kaufleute wie Anthony Lefroy (1703–1779) engagierten. Versuche,
hugenottische Soldaten in englischen Truppen auf dem indischen Subkontinent einzusetzen, scheinen ausgangs des 17. Jahrhunderts noch gescheitert zu sein. Demgegenüber war die hugenottische Diaspora in Nordamerika bedeutsamer. Dort erfolgte
die Ansiedlung zwar weniger planvoll als etwa in der niederländischen Kapkolonie, doch über die Zeit entschieden sich mehrere tausend *réfugiés* für ein Leben in der Neuen Welt.

Bereits früh im 17. Jahrhundert hatte es englische Initiativen
gegeben, Hugenotten in Virginia als Weinbauern anzusiedeln.
Ausgangs des Jahrhunderts wurden die Migranten zahlreicher
und die Stimmen lauter, sie in die *plantations* zu schicken, wo
sie nicht allein wirtschaftlichen Nutzen bringen sollten, sondern
auch als Schutzschild gegen die indigene Bevölkerung und die
französisch-katholische Konkurrenz dienen könnten. So entstand um das Jahr 1700 die Gemeinde Manakin im Landesin-
neren Virginias, deren etwa 600 Einwohner sich durchaus
selbstbewusst als «French Colony» begriffen – was den englischen Kolonialobrigkeiten begreiflicherweise ein Dorn im Auge
war.

Auch die Hugenotten verknüpften Glaubens- und Nützlich-
keitsfragen, wenn sie in Petitionen um Land in South Carolina
baten, wo es galt, den Anbau von Wein und die Seidenproduktion zu kultivieren. Zahlreiche Werbeschriften malten eine
Ansiedlung in Carolina oder Pennsylvania in rosigen Farben
aus und versprachen Neusiedlern einen Garten Eden. Eine
Überfahrt in die Neue Welt stellte allerdings im Gegensatz zur
Emigration auf dem europäischen Festland eine große Zäsur
dar, denn mit einer Rückkehr war nicht zu rechnen. Es war daher auch unter den *réfugiés* nicht leicht, Menschen zur Emigration nach Nordamerika zu bewegen. Oft fiel die Entscheidung
erst unterwegs: so bei Judith Giton (um 1665–1711), die im
Alter von 19 Jahren mit ihrem Bruder über Deutschland, die
Niederlande und England in die Neue Welt reiste. Wie manch
andere Auswanderer nach Nordamerika musste sie sich zunächst als Vertragsarbeiterin (*indentured servant*) verpflichten,

um die Kosten der Überfahrt später abzuarbeiten. Dies tat sie in South Carolina unter sklavenähnlichen Bedingungen, bevor sie schließlich in die hugenottische Kaufmannsfamilie Manigault einheiratete. Ihr Sohn wurde einer der reichsten Männer South Carolinas und beteiligte sich selbst an der Sklavenökonomie.

In Carolina ließen sich rund 500 Hugenotten nieder. Manche ihrer Hoffnungen wurden enttäuscht, wenn sich das Paradies vor Ort als sumpfiges, insektenverseuchtes Gelände entpuppte, doch längerfristige wirtschaftliche Erfolge ließen sich in Nordamerika ebenfalls verbuchen. Sie reichten vom Weinbau und der Seidenerzeugung über die Plantagenwirtschaft rund um Charleston, South Carolina, bis zur Terpentin- und Pechproduktion in Massachusetts.

Vor Ort ging es häufig darum, die eigene religiöse Identität gegenüber der dominierenden anglikanischen Kirche aufrechtzuerhalten, deren Londoner Bischof bis zur Mitte des 18. Jahrhunderts die Oberaufsicht über die Kirchen der Kolonien besaß. Im nördlich gelegenen Neuengland boten sich zwar bessere konfessionelle Anknüpfungspunkte zu den Puritanergemeinden, doch die Siedlungsbedingungen waren hier oft schlechter.

Verglichen mit den Zahlen des kontinentalen *Refuge* oder mit den etwa 80 000 deutschsprachigen Auswanderern nach Nordamerika scheinen die rund 3000 bis 4000 Hugenotten in der Neuen Welt kaum ins Gewicht zu fallen. Und doch trugen sie zur globalen Diaspora des *Refuge* bei, selbst wenn sich angesichts der Siedlungsbedingungen und Entfernungen die Kontakte unter den nordamerikanischen Gemeinden oder mit dem europäischen *Refuge* nur schwer aufrechterhalten ließen. In vielen Fällen kam es denn auch schon bald zu Heiratsverbindungen mit anderen, oft englischsprachigen Siedlern. Doch vom Bewusstsein hugenottischer Traditionen zeugen heute noch Vereinigungen wie die *Manakin Huguenot Society*. Zugleich liegen manche Analogien zum hugenottischen Exil in Europa auf der Hand. Denn was in Mitteleuropa ein Staat wie Brandenburg-Preußen mit seiner Hugenottenkolonie versuchte – religiöse und rechtliche Freiheiten mit ökonomischem Fortschritt zu verknüpfen und Tabak oder Maulbeerbäume für die Seidenproduktion anzubauen –, das entsprach letztlich den gleichen imperial-ökonomischen Bedürfnissen wie die Ansiedlung der Hugenotten in Nordamerika.

Traditionen und Mythen: Hugenottische Diasporakultur und -forschung

Die Diaspora der Hugenotten hatte ihre Blütezeit in der ersten Hälfte des 18. Jahrhunderts. Später erodierten ihre kirchlichen Strukturen in Großbritannien und den Niederlanden zunehmend. In den deutschen Territorien waren sie langlebiger, was insbesondere auf innergemeindliche Initiativen zurückging. Wie aber gingen die Hugenotten angesichts äußerer Einflüsse und innerer Zentrifugalkräfte mit ihren Traditionen um und wie erhielten sie sich ein gemeinsames historisch-kulturelles Erbe?

Das Bild vom standhaften Glaubensflüchtling, erfolgreichen Wirtschaftsbürger und loyalen Untertan war bereits in Geschichtserzählungen aus der Frühzeit des *Refuge* angelegt. Es findet sich schon in Charles Ancillons *Histoire De L'Etablissement Des François Refugiez* von 1690 und wurde in künftigen Werken oft nur verfeinert. Gleichzeitig sorgte die Publizistik der Hugenotten dafür, dass man Ludwig XIV. in Europa nicht mehr nur als glorreichen Herrscher, sondern auch als finsteren Tyrannen ansah.

Das *Refuge* besaß von Anfang an nicht allein eine schriftliche, sondern zusätzlich eine visuelle und performative Komponente: Schon die Ereignisse der Bartholomäusnacht waren im protestantischen Ausland auf Theaterbühnen inszeniert worden; später Nachhall in Frankreich sind Giacomo Meyerbeers (1791–1864) Oper *Les Huguenots* von 1836 oder Patrice Chéreaus (1944–2013) Film *La Reine Margot* aus dem Jahr 1994, der auf einem Roman von Alexandre Dumas dem Älteren (1802–1870) basiert. Das Exil fand zudem von Beginn an seinen visuellen Niederschlag in Medaillen, Gemälden und Kupferstichen, etwa von Jan Luyken (1649–1712) oder Daniel Chodowiecki (1726–1801). Über die Jahrhunderte sind schließlich an unterschiedlichen Orten Denkmäler entstanden, die das Schicksal der Hugenotten thematisieren.

Zur Aktualisierung (oder gar Neuerfindung) des Hugenottenmythos und zur Identitätsstiftung der Nachfahren dienten Jubiläen im Zeichen des Jahres 1685. Immer stärker wurde 1685 zu einem hugenottischen Epochenjahr, zum Emblem für Flucht und Vertreibung, aber auch für die Aufnahme der *réfugiés*. Schon 1785 begleitete die monumentale historische Dokumentation von Erman und Reclam die Feierlichkeiten in Preußen, obwohl zu diesem Zeitpunkt die Hugenottenkolonie nur noch symbolische Bedeutung besaß und die Hugenottennachfahren in Berlin vielleicht 3 Prozent der Stadtbevölkerung ausmachten.

Die Wirkungsgeschichte von Diaspora und *Refuge* ist geprägt durch ein mitunter recht kunstvolles Lavieren der Hugenottennachfahren zwischen Ablehnung neuer politisch-kultureller Einflüsse und der Anpassung eines hugenottischen Erbes an aktuelle Gegebenheiten. Bereits gegenüber der französischen Aufklärung war es für die *réfugiés* nicht leicht gewesen, ihre Traditionen zu behaupten. Mit dem Eintreffen französischer Revolutionsemigranten in Preußen zwischen 1789 und 1794 und der gleichzeitigen Legalisierung des protestantischen Bekenntnisses in Frankreich stellte sich nur noch für wenige Hugenottennachkommen die Frage nach einer Rückkehr. Der Anteil an Hugenotten, die sich zwischen 1804 und 1806 in den Dienst der napoleonischen Verwaltung Berlins stellten, war auffallend hoch.

Wenig später legten Nachfahren der *réfugiés* im Kontext der preußischen Befreiungskriege einen Patriotismus an den Tag, mit dem man sie noch zur Zeit der Reichseinigung verbinden sollte: Im Gefolge des Deutsch-Französischen Kriegs von 1870/71 und vor dem Hintergrund der polnischen Immigration nach Deutschland galten die einstigen *réfugiés* immer mehr als die besseren Franzosen, ja als die «besten Deutschen», wie Bismarck dies angeblich ausgedrückt hat. Rund um das Jubiläum von 1885 erfuhr auch die Bezeichnung «Hugenotten» als Identifikationsbegriff in Deutschland eine Renaissance. Damit verbanden sich nun weniger eine französische Abkunft, ein diffuses

Emigrantenschicksal oder der reformierte Glaube, sondern immer mehr eine spezifische «Geisteshaltung» (U. Fuhrich-Grubert). Diese schloss die besondere Staatstreue von Hugenotten mit ein, die noch in der Zeit des Nationalsozialismus viele Protagonisten ihrer Gemeinden zu Unterstützern des Hitlerregimes werden ließ. Von Alfred Rosenberg (1893–1946) ist überliefert, dass er die Hugenotten zu einer «nordischen» Gruppe stilisierte, um sie etwa von den Juden positiv abzugrenzen. So dienten die Hugenotten als Kontrastfolie für andere Minderheiten.

Bereits das Jubiläum des Jahres 1885 stand im Zeichen einer Nationalisierung der hugenottischen Traditionspflege, aber dies war kein deutsches Phänomen. Nicht allein in Deutschland mit dem durch Pastoren geprägten *Deutschen Hugenotten-Verein* (gegründet 1890 in Friedrichsdorf im Taunus), sondern auch in Großbritannien oder den Vereinigten Staaten wurden in diesen Jahren Hugenottengesellschaften gegründet, die sich Gedenken und historische Aufarbeitung des hugenottischen Erbes zur Aufgabe machten. Gleichzeitig knüpfte man Kontakte mit auswärtigen Vereinigungen Gleichgesinnter, auch nach Frankreich.

In der ehemaligen Heimat der Hugenotten hatten sich Protestanten seit dem 19. Jahrhundert für die Geschichte der *réfugiés* zu interessieren begonnen: Rund um die *Société de l'histoire du protestantisme français* (gegründet 1852) bemühten sich unter anderen der Elsässer Charles Weiss oder die Gebrüder Eugène (1808–1868) und Émile Haag (1810–1865) in ihren Werken darum, die Hugenotten in eine französische Nationalgeschichte zu reintegrieren.

In den Vereinigten Staaten wiederum war mit dem Hugenottennachkommen John Jay noch einer der *Founding Fathers* von tiefer Ablehnung gegenüber dem Frankreich seiner Zeit geprägt. Ausgangs des 19. Jahrhunderts nun erfand man dort gar eine «Huguenot Race», die sich angeblich nicht allein durch ihren «puritanischen» Glauben, sondern durch noble Charakterzüge auszeichnete und in den protestantischen Gründungsmythos der USA integrierbar war. Während in Südafrika das hugenottische Erbe traditionell besonders gepflegt wurde, hat man inzwischen auch in Florida oder Australien hugenottische Gründerväter (und -mütter wie Jane Griffin, 1791–1875, Gattin des Gouverneurs von Tasmanien) ausgegraben. Heutzutage existieren weltweit unzählige Hugenottenvereine und -gesellschaften. Ihre Mitglieder beschäftigen sich mit Traditionspflege und historischer bzw. genealogischer Forschung.

Auch die Musealisierung des hugenottischen Erbes schreitet weiter fort: So existiert in den französischen Cevennen ein *Musée du Désert*; in Deutschland bestehen Hugenottenmuseen in Bad Karlshafen und Berlin. Ausstellungen wie 2005 im Deutschen Historischen Museum haben die Hugenotten mit einer Geschichte der Einwanderung nach Deutschland verknüpft – ein Thema, das auch in der Geschichtswissenschaft das Interesse an ihnen wiederbelebt hat.

Der Boom der Hugenottenforschung scheint heute bei Fachhistorikern, Theologen, Philosophen, Sprach-, Literatur- und Kulturwissenschaftlern angekommen zu sein: Migrations- und Religionsgeschichte trifft hier auf Studien zum Kulturtransfer und transnationale Geschichte, auf *Atlantic History* und Globalgeschichte. Wie sich bereits beim Hugenottenjubiläum des Jahres 1985 gezeigt hat, besitzt das Thema integrierende Wirkung: Damals setzten sich Forscher aus beiden deutschen Staaten gemeinsam mit der Geschichte des *Refuge* auseinander.

Die zwischenzeitliche Nationalisierung der Hugenotten hat also das Bewusstsein für ein grenzüberschreitendes und länderübergreifendes hugenottisches Erbe nicht erschüttern können. Dass auch Forschung und interessierte Öffentlichkeit dies immer stärker berücksichtigen, zeugt letztlich von der Wirkmächtigkeit der hugenottischen Diaspora über die Jahrhunderte hinweg.

7. Zum Schluss: Die Hugenotten – und wir

Das Buch hat die Geschichte, Religion und Kultur der Hugenotten in den letzten fünf Jahrhunderten begleitet und den Weg dieser Gruppe aus Frankreich nach Europa und in die Welt geschildert. Nach chaotischen Anfängen in der französischen Reformation, dem Blutvergießen der Religionskriege und dem Versuch einer Konsolidierung und Europäisierung unter schwierigen Bedingungen standen die Hugenotten als Migranten, *réfugiés*, und Diasporagruppe im Zentrum. Als ein Ergebnis ließe sich mitnehmen, dass die Hugenotten gleichsam erst im Exil zu «Franzosen» wurden, auch weil dies in der Logik der zeitgenössischen Migrationsregime lag. Daneben ging es darum, die Betroffenen nicht hinter Zahlen und Verwaltungsdokumenten zu entpersonalisieren, sondern ihre Stimmen zum Sprechen zu bringen, ihren Interessen und ihrem Eigensinn nachzuspüren und sie als Akteure ernst zu nehmen.

Minderheiten neigen dazu, sich auf identitätsstiftende Traditionen und kulturelle Eigenheiten zu verständigen, damit sie nicht ungewollt in der Mehrheit aufgehen. Seit ihrer Zeit in Frankreich standen Hugenotten unter dem Zwang zur Selbstbehauptung. Die Gruppenidentität der Hugenotten beruhte auf einem Konstrukt von Rechtgläubigkeit, Sittenstrenge, Exilstraditionen, politischer Loyalität und ökonomischem Erfolg. Doch dies hat der inneren Pluralität der hugenottischen Gemeinschaft wenig Abbruch getan. Gleichzeitig pflegte sie vielfältige Beziehungen zur Außenwelt. Ihre Geschichte zeigt, wie beide Seiten: die Hugenotten und die anderen, voneinander profitieren konnten, auch wenn dies oft nicht einfach war.

Der Einfluss der Hugenotten auf die Geschichte des reformierten Protestantismus, auf Rationalismus und Toleranz in der Aufklärung, auf Militär und Wirtschaft und auf vieles andere ist kaum von der Hand zu weisen. Selbst die Märchen der Gebrüder Grimm gehen, wie man seit einiger Zeit weiß, auf die mündliche Überlieferung hessischer *réfugiés* zurück. Aber wäre es nicht vermessen, eine Minderheit allein an Kriterien wie Erfolg und Nutzen für die Mehrheitsgesellschaft zu messen? Hugenotten haben – wie andere Migranten auch – dazu beigetragen, dass die Länder des *Refuge* vielfältiger wurden, und zum Bewusstsein, dass geographische, politische und kulturelle Grenzen überschritten werden können oder müssen, wenn die Umstände es erfordern. Dass dies nicht ohne Schwierigkeiten und Probleme vor sich ging, ist ebenfalls Thema des Buches gewesen.

Die Hugenotten gelten als eine der bedeutendsten Migrantengruppen der Vormoderne. Verglichen mit der Alltagsmobilität in den letzten 500 Jahren oder mit den Abermillionen Migranten und Flüchtlingen des 20. und 21. Jahrhunderts nehmen sich ihre Zahlen aber geradezu bescheiden aus. Was lässt sich trotzdem aus der Geschichte dieser Minderheit in die heutige Zeit mitnehmen?

Allzu leichtfertig sollte man keine Bezüge zwischen Geschehnissen zurückliegender Jahrhunderte und aktuellen Phänomenen herstellen, auch wenn manches auf der Hand zu liegen scheint: religiöse Gewalt und Toleranz, Tradition und Fortschritt, Fluchtgeschehen und Abschottung, Alltagsbewältigung der Migranten und Ordnungsversuche der Aufnahmeländer, Fremdenfeindlichkeit und Hilfsbereitschaft. Angesichts aktueller Flucht- und Migrationsvorgänge und überbordender Debatten in Politik und Medien hilft vielleicht der Blick in die Geschichte dabei, einige zeitgenössische Probleme besser zu verstehen, Grundkonstanten zu erkennen, allen Beteiligten zuzuhören und von ihnen zu lernen und schließlich: dabei etwas an Gelassenheit zu gewinnen.

Weiterführende Literatur in Auswahl

Asche, M., Neusiedler im verheerten Land, Münster 2006; *Bade, K. J. u. a. (Hg.)*, Enzyklopädie Migration in Europa, Paderborn u. a. 2007; *Beneke, S./ Ottomeyer, H. (Hg.)*, Zuwanderungsland Deutschland. Die Hugenotten, Wolfratshausen 2005; *Cabanel, P.*, Histoire des protestants de France. XVᵉ–XXIᵉ siècle, Paris 2012; *Davis, N. Z.*, Society and Culture in Early Modern France, Stanford 1975; *Diefendorf, B. B.*, Beneath the Cross. Catholics and Huguenots in Sixteenth-Century Paris, New York/Oxford 1991; *Dölemeyer, B.*, Die Hugenotten, Stuttgart 2006; *Dunan-Page, A. (Hg.)*, The Religious Culture of the Huguenots. 1660–1750, Aldershot/Burlington 2006; *Fuhrich-Grubert, U.*, Hugenotten unterm Hakenkreuz. Studien zur Geschichte der Französischen Kirche zu Berlin 1933–1945, Berlin/New York 1994; *Glozier, M./Onnekink, D. (Hg.)*, War, Religion and Service. Huguenot Soldiering, 1685–1713, Aldershot/Burlington 2007; *Greengrass, M.*, France in the Age of Henry IV, London/New York 1995; *Gresch, E.*, Die Hugenotten, Leipzig ⁵2015; *Gwynn, R. D.*, The Huguenots in Later Stuart Britain, 2 Bde., Brighton 2015, 2018; *Häseler, J./McKenna, A. (Hg.)*, La Vie intellectuelle aux Refuges protestants, 2 Bde., Paris 1999, 2002; *Holt, M.*, The French Wars of Religion, 1562–1629, Cambridge u. a. ²2005; *Jersch-Wenzel, S.*, Juden und «Franzosen» in der Wirtschaft des Raumes Berlin-Brandenburg zur Zeit des Merkantilismus, Berlin 1978; *dies./John, B. (Hg.)*, Von Zuwanderern zu Einheimischen, Berlin 1990; *Jouanna, A.*, La Saint-Barthélemy, Paris 2007; *Laborie, L.*, Enlightening Enthusiasm, Manchester 2015; *Lachenicht, S.*, Hugenotten in Europa und Nordamerika, Frankfurt a. M./New York 2010; *dies./ Braun, G. (Hg.)*, Hugenotten und deutsche Territorialstaaten, München 2007; *Linden, D. van der*, Experiencing Exile, 1680–1700, Farnham/Burlington 2015; *Littleton, Ch./Vigne, R. (Hg.)*, From Strangers to Citizens, Brighton/Portland 2001; *Luria, K. P.*, Sacred Boundaries, Washington 2005; *McKee, J./Vigne, R. (Hg.)*, The Huguenots. France, Exile & Diaspora, Brighton/Portland 2013; *Mentzer, R. A./Spicer, A. (Hg.)*, Society and Culture in the Huguenot World, 1559–1685, Cambridge/New York 2002; *Mentzer, R. A./ Ruymbeke, B. Van (Hg.)*, A Companion to the Huguenots, Leiden/Boston 2016; *Niggemann, U.*, Immigrationspolitik zwischen Konflikt und Konsens, Köln u. a. 2008; *ders.*, Hugenotten, Köln u. a. 2011; *Oltmer, J. (Hg.)*, Handbuch Staat und Migration in Deutschland seit dem 17. Jahrhundert, Berlin/ Boston 2015; *Rosen-Prest, V.*, L'historiographie des huguenots en Prusse au temps des Lumières, Paris 2002; *Ruymbeke, B. Van/Sparks, R. J. (Hg.)*, Memory and Identity, Columbia 2003; *Treasure, G.*, The Huguenots, New Haven/London 2013; *Yardeni, M.*, Le refuge hugenot, Paris 2002; *dies.*, Le refuge protestant, Paris 1985.

Register